진짜 여행 일본어

시원스쿨어학연구소 지음

시원스쿨닷컴

진짜 여행 일본어

초판 1쇄 발행 2024년 3월 13일
개정 1쇄 발행 2024년 8월 23일

지은이 시원스쿨어학연구소
펴낸곳 (주)에스제이더블유인터내셔널
펴낸이 양홍걸 이시원

홈페이지 japan.siwonschool.com
주소 서울시 영등포구 영신로 166
교재 구입 문의 02)2014-8151
고객센터 02)6409-0878

ISBN 979-11-6150-878-8 13730
Number 1-310301-27251820-02

전통이 녹아든 고즈넉한 정취와

현대적인 아름다움이 공존하는 곳

일본

잠시 일상을 벗어나

진짜 일본을 만나는 시간

이 책의 목차

일본 여행을 위한 첫 STEP

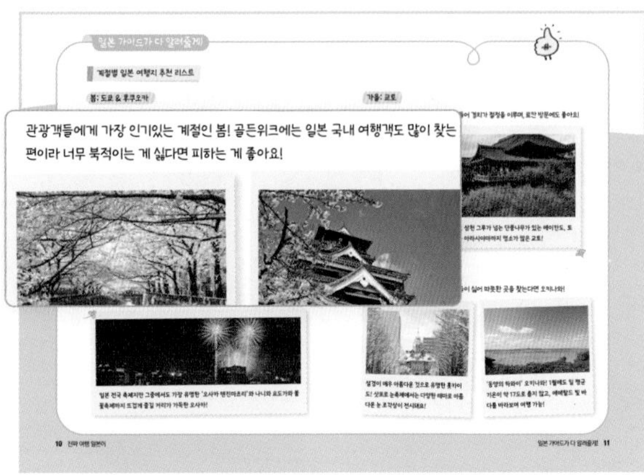

일본 여행 전 이것만은 알고 가요!

일본 가이드의 친절한 일본 소개와 여행 7일 전 체크 리스트를 미리 확인해요.

모든 일본어에는 한국어 독음이 제시되어 있어 더욱 쉽게 익혀요!

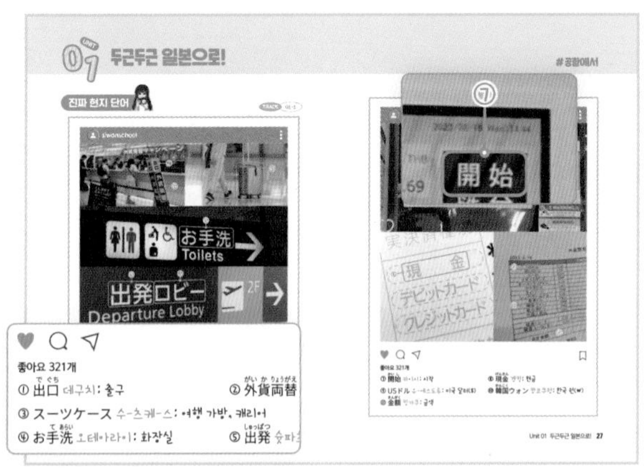

현지 사진 속에서 단어를 만나요!

일본이 생생하게 느껴지는 사진을 통해 여행에서 가장 자주 쓰이는 단어를 만나봐요.

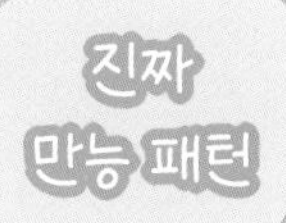

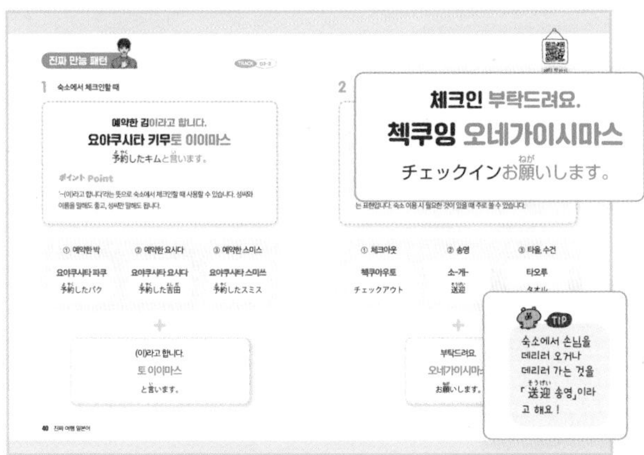

TIP
숙소에서 손님을 데리러 오거나 데리러 가는 것을 「送迎 송영」이라고 해요!

TIP을 통해 궁금증을 해소하고 더 알차게 학습할 수 있어요!

패턴으로 쉽고 빠르게 기억해요!

여행에서 자주 마주치는 상황을 패턴으로 정리했어요. 단어만 바꾸어 어디서든 활용해 봐요.

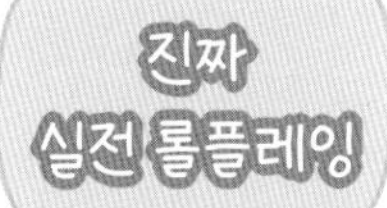

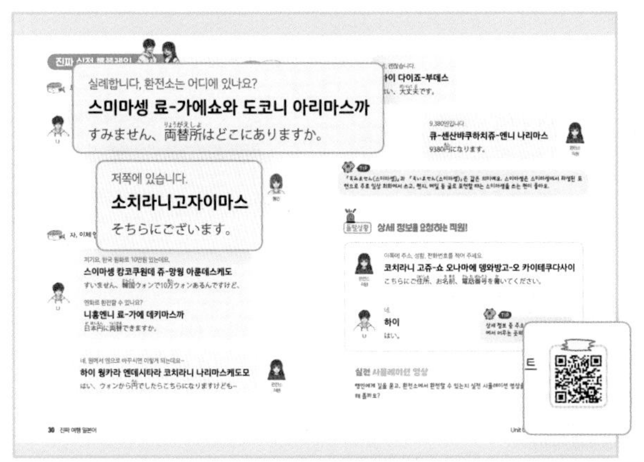

실전 시뮬레이션 영상으로 진짜 여행 속 상황처럼 연습할 수 있어요!

현지인과 롤플레잉식으로 대화해요!

실전 회화로 표현을 익히고, 돌발 상황에 대한 대처 방법까지 알아봐요.

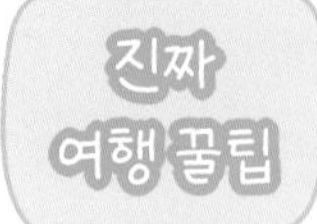

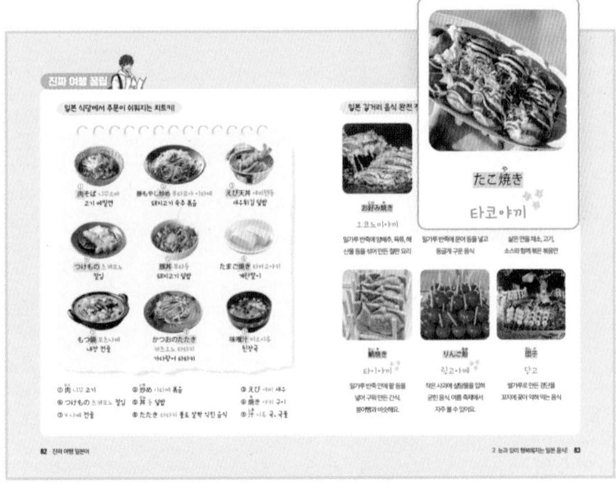

여행에 도움이 되는 꿀팁을 알아봐요!

일본 대중교통 이용법, 메뉴판 보는 법 등 한국과 다른 일본의 문화를 재미있게 알아봐요.

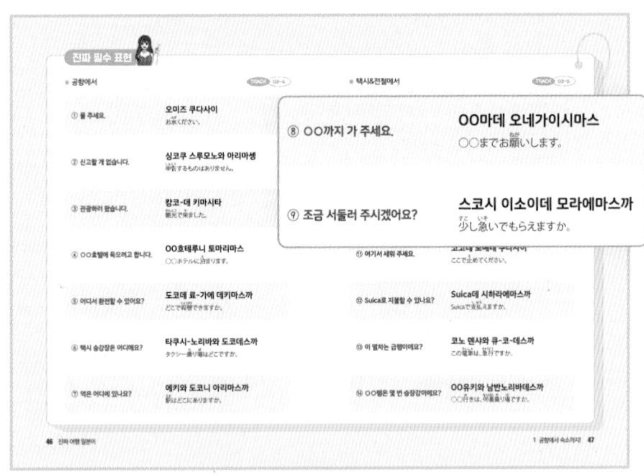

상황별 핵심 문장을 외워봐요!

가장 자주 쓰는 상황별 문장들만 외워도 현지에서 원어민과 쉽게 소통 가능해요.

무료 제공 부록

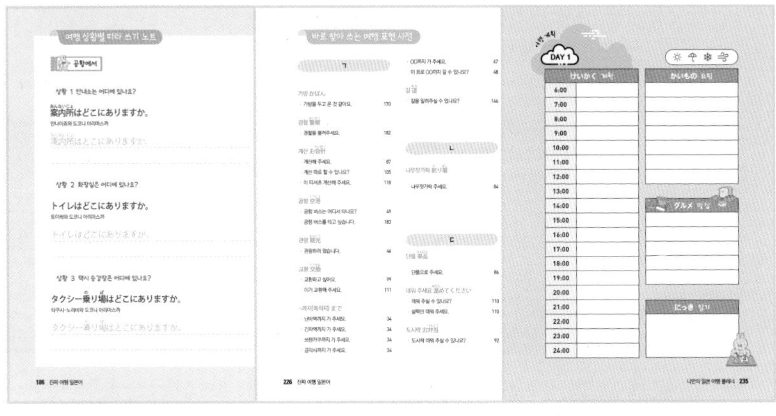
여행 상황별 따라 쓰기 노트

공항에서

상황 1 안내소는 어디에 있나요?

案内所はどこにありますか。

안나이죠와 도코니 아리마스까

상황 2 화장실은 어디에 있나요?

トイレはどこにありますか。

토이레와 도코니 아리마스까

상황 3 택시 승강장은 어디에 있나요?

タクシー乗り場はどこにありますか。

타쿠시-노리바와 도코니 아리마스까

186 진짜 여행 일본어

바로 찾아 쓰는 여행 표현 사전

226 진짜 여행 일본어

DAY 1

けいかく 계획

かいもの 쇼핑

グルメ 맛집

にっき 일기

6:00 7:00 8:00 9:00 10:00 11:00 12:00 13:00 14:00 15:00 16:00 17:00 18:00 19:00 20:00 21:00 22:00 23:00 24:00

나만의 일본 여행 플래너 235

따라 쓰기 노트 여행 표현 사전 일본 여행 플래너

상황별 따라 쓰기 노트부터 ㄱ, ㄴ, ㄷ 순으로 정리된 여행 표현 사전, 내 계획대로 짜보는 일본 여행 플래너까지! 여행 전 마지막으로 체크해 보세요!

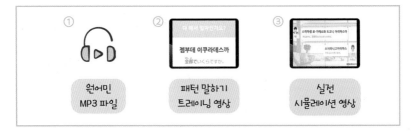

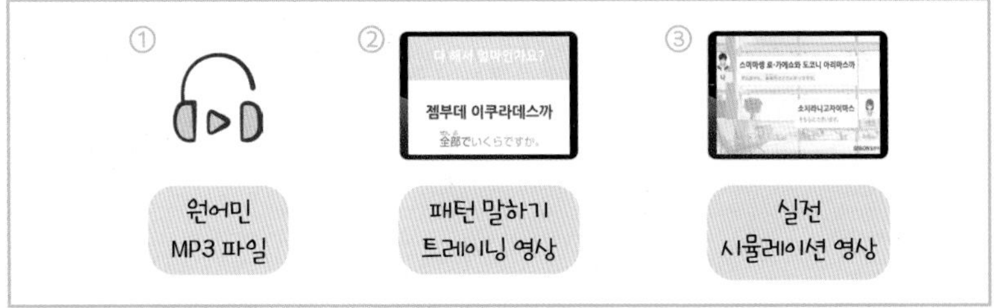

① 시원스쿨 일본어(japan.siwonschool.com) 홈페이지 로그인 ▶ 학습지원센터 ▶ 공부자료실 ▶ 도서명 '진짜 여행 일본어' 검색 후 무료로 다운 가능!

②, ③ 도서 내의 QR 코드를 스캔하거나, 유튜브에 도서명 '진짜 여행 일본어'를 검색하여 시청 가능!

계절별 일본 여행지 추천 리스트

봄: 도쿄 & 후쿠오카

관광객들에게 가장 인기있는 계절인 봄! 골든위크에는 일본 국내 여행객도 많이 찾는 편이라 너무 북적이는 게 싫다면 피하는 게 좋아요!

우에노공원, 메구로강, 신주쿠교엔까지 유명한 벚꽃 사진 스팟이 많은 도쿄!

오호리공원-마이즈루공원-후쿠오카성터 구간, 니시공원이 유명한 후쿠오카!

밤이 되면 라이트업 행사로 색다른 모습의 벚꽃을 감상할 수 있어요.

여름: 오사카

일본의 3대 축제인 '텐진마츠리'와 불꽃놀이 축제인 '하나비'의 열기 속 여름을 즐겨요!

일본 전국 축제지만 그중에서도 가장 유명한 '오사카 텐진마츠리'와 나니와 요도가와 불꽃축제까지 뜨겁게 즐길 거리가 가득한 오사카!

가을: 교토

일본의 역사를 담은 교토가 단풍으로 물들어 경치가 절정을 이루며, 료칸 방문에도 좋아요!

교토 시내 풍경이 한눈에 보이는 청수사, 삼천 그루가 넘는 단풍나무가 있는 에이칸도, 토롯코 열차를 타고 단풍 구경을 할 수 있는 아라시야마까지 명소가 많은 교토!

겨울: 홋카이도 & 오키나와

겨울을 만끽하고 싶다면 홋카이도! 겨울에도 따뜻한 곳을 찾는다면 오키나와!

설경이 매우 아름다운 것으로 유명한 홋카이도! 삿포로 눈축제에서는 다양한 테마로 아름다운 눈 조각상이 전시돼요!

'동양의 하와이' 오키나와! 1월에도 일 평균 기온이 약 17도로 춥지 않고, 에메랄드빛 바다를 바라보며 여행 가능!

일본 여행 D-7

일본 여행 주의사항 총 정리!

① 문신이 있다면 주의!

문신이 있으면 온천이나 헬스클럽에 입장하지 못하는 경우가 있으니 가리는 테이프나 래쉬가드 등을 준비하세요!

② 가격표가 두 개?!

소비세 포함 전/후 가격이 모두 적혀 있기 때문에 가격표를 잘 확인해야 계산할 때 당황하지 않아요!

③ 화려한 무료 안내소는 조심!

화려한 간판의 무료 안내소는 관광 안내소가 아니에요! 유흥업소 안내소이기 때문에 들어가지 않도록 주의!

④ 식당 앞에서는 일단 Stop!

한국과 달리 일본은 식당에 들어가면 입구에서 종업원을 기다리고 안내를 받아 착석해야 해요!

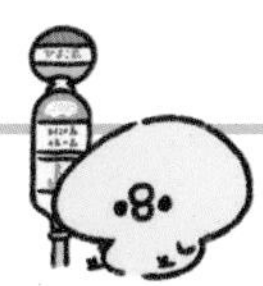

⑤ 한국과 너무나 다른 버스!

뒷문으로 승차, 앞문으로 하차! 내릴 때 요금을 지불하는데, 거리에 따른 금액을 지불해야 해요!

⑥ 버스·전철·기차에서 통화 금지

일본은 대중교통에서 통화하는 것은 예의에 어긋난 행동이라고 생각하기 때문에 주의하는 게 좋아요!

⑦ 일본은 좌측통행!?

에스컬레이터의 운행 방향, 줄 서는 방향도 좌측인 경우가 있으므로 눈치 있게 맞는 방향으로 이용해야 해요!

⑧ 일본의 택시는 자동문!

한국도 간혹 자동문인 택시가 있지만 일본은 모든 택시가 자동문! 직접 문을 여닫지 않도록 주의해야 해요!

여행 준비물 체크 리스트!

휴대용 가방

- ☐ 여권
- ☐ 보조배터리
- ☐ 신용카드
- ☐ 시계
- ☐ 항공권
- ☐ 필기구
- ☐ 선크림
- ☐ 선글라스
- ☐ 환전한 돈
- ☐ 호텔 정보(바우처)
- ☐ 카메라
- ☐ 휴대전화

캐리어

- ☐ 각종 충전기
- ☐ 비상약(두통약, 감기약, 모기약 등)
- ☐ 110v 콘센트(일명 돼지코)
- ☐ 세면도구
- ☐ 속옷
- ☐ 트레이닝복 및 여벌옷
- ☐ 우산
- ☐ 슬리퍼 및 운동화
- ☐ 양말
- ☐ 여행용 화장품
- ☐ 모자
- ☐ 여행용 목욕용품
- ☐ 수영복
- ☐ 잠옷

일본 여행할 때 꼭 필요한 어플!

① Google Maps(구글 지도)

- GPS 기능으로 자신의 위치 확인
- 길 찾기 서비스로 경로, 교통수단, 예상 도착 시간, 교통비 확인 가능

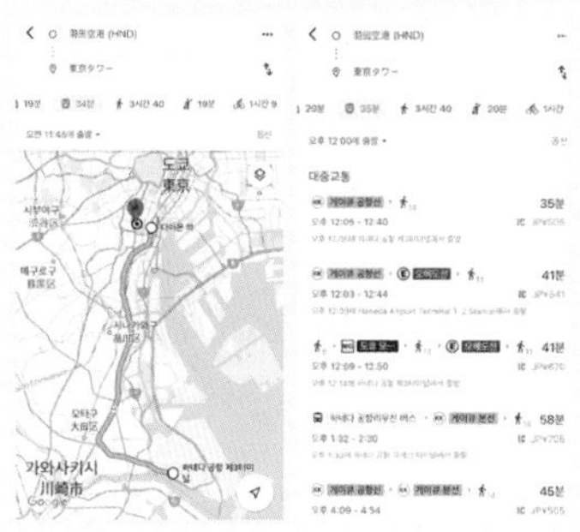

② 트리플(여행 루트 앱)

- 여행 동선 계획, 지도에서 이동 거리 확인, 일행과 일정 공유 가능
- 여행지의 기초 정보, 추천 코스 제공

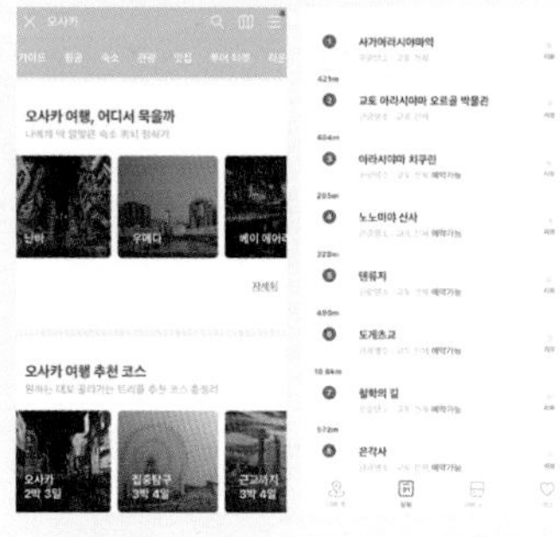

③ GO택시(택시 호출 앱)

- 한국 번호로도 쉽게 가입 가능
- 탑승 위치와 도착 위치를 지정하고 미리 예상 요금 확인 가능

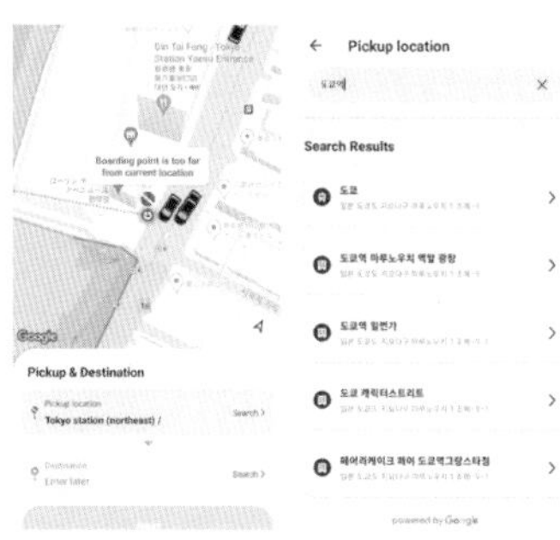

④ 파파고(번역 앱)

- 한국어, 영어, 일본어 등 많은 언어 제공
- 텍스트(타이핑) 번역, 이미지 번역, 음성 인식 번역 기능

꼭 필요한 일본 내 전화번호! 여행 전에 미리 찍어두어요~!

경찰서 (국번 없이) 110 소방서 119

기상 정보 안내 117

일본 (도쿄) 병원 안내 03-5285-8181

재팬 헬프라인 +81-52-229-8575

주 일본 대한민국 대사관 (도쿄) +81-3-3455-2601~3

고베 영사관 +81-78-221-4853

나고야 영사관 +81-52-586-9221

니가타 영사관 +81-25-255-5555

삿포로 영사관 +81-11-218-0288

센다이 영사관 +81-22-221-2751

오사카 영사관 +81-6-4256-2345

요코하마 영사관 +81-45-621-4531

히로시마 영사관 +81-82-505-2100~1

후쿠오카 영사관 +81-92-771-0461

영사 콜센터(24시간) +82-2-3210-0404 (유료)

출입국 신고서 작성법

일본 입국 시, 출입국 신고서 작성법은 온라인에서 VISIT JAPAN WEB을 통해 작성하는 방법과 비행기 안에서 종이 양식에 작성하는 방법 두 가지가 있습니다.

氏名 이름	여권에 표기된 영문 성/이름	ex) HONG/GILDONG
生年月日 생년월일	DDMMYYYY	ex) 2010년 12월 31일 → 31122010
現住所 현주소	国名・都市名 나라명/도시명(영문으로)	ex) KOREA/SEOUL
渡航目的 입국 목적	□ 観光 □ 商用 □ 親族訪問 관광 비즈니스 친척 방문 □ その他 기타	해당되는 것에 체크
航空機便名・船名 항공기 편명/선명	일본 갈 때 타는 비행기 편명	항공사 홈페이지, 비행기 티켓 등 참고
日本滞在予定期間 일본체류 예정기간	영문으로 작성	ex) 5days
日本の連絡先 일본 연락처	일본 내 숙소 주소 및 전화번호 (주소 영문으로)	숙소 예약 사이트 등 참고
日本での退去強制歴上陸拒否歴の有無 일본에서의 강제 퇴거/상륙거부 이력의 유무	はい・いいえ 네 / 아니오	해당되는 것에 체크
有罪判決の有無 유죄판결의 유무	はい・いいえ 네 / 아니오	해당되는 것에 체크
規制薬物・銃砲・刀剣類・火薬類の所持 규제 약물/총포/도검류/화약류의 소지	はい・いいえ 네 / 아니오	해당되는 것에 체크

숫자 읽기

1부터 10까지

1	2	3	4	5
이치 いち	니 に	산 さん	시/용 し・よん	고 ご
6	**7**	**8**	**9**	**10**
로쿠 ろく	시치/나나 しち・なな	하치 はち	큐-/쿠 きゅう・く	쥬- じゅう

11부터 99까지는 숫자를 조합해서 읽으면 됩니다. 예를 들어, 11은 10(쥬-)+1(이치)로 '쥬-이치' 라고 읽으면 되고, 99는 9(큐-)+10(쥬-)+9(큐-)로 '큐-쥬-큐-'라고 읽으면 됩니다.

백, 천, 만

100	200	300	400
햐쿠 ひゃく	니햐쿠 にひゃく	삼뱌쿠 さんびゃく	욘햐쿠 よんひゃく
500	**600**	**700**	**800**
고햐쿠 ごひゃく	롭뺘쿠 ろっぴゃく	나나햐쿠 ななひゃく	합뺘쿠 はっぴゃく
900	**1,000**	**2,000**	**3,000**
큐-햐쿠 きゅうひゃく	셍 せん	니셍 にせん	산젱 さんぜん
4,000	**5,000**	**6,000**	**7,000**
욘셍 よんせん	고셍 ごせん	록셍 ろくせん	나나셍 ななせん
8,000	**9,000**	**10,000**	
핫셍 はっせん	큐-셍 きゅうせん	이치망 いちまん	

개수 세기

1개	2개	3개	4개	5개
히토츠 ひとつ	후타츠 ふたつ	밋츠 みっつ	욧츠 よっつ	이츠츠 いつつ
6개	**7개**	**8개**	**9개**	**10개**
뭇츠 むっつ	나나츠 ななつ	얏츠 やっつ	코코노츠 ここのつ	토오 とお

인원수 세기

1명	2명	3명	4명	5명
히토리 ひとり	후타리 ふたり	산닝 さんにん	요닝 よにん	고닝 ごにん
6명	**7명**	**8명**	**9명**	**10명**
로쿠닝 ろくにん	시치닝 しちにん	하치닝 はちにん	큐-닝 きゅうにん	쥬-닝 じゅうにん

매표 시 연령대 구분하기

성인	아이	초등학생
오토나 おとな	코도모 こども	쇼-각세- しょうがくせい
중학생	**고등학생**	**대학생**
츄-각세- ちゅうがくせい	코-코-세- こうこうせい	다이각세- だいがくせい

월 읽기

1월	2월	3월	4월
이치가츠 いちがつ	니가츠 にがつ	상가츠 さんがつ	시가츠 しがつ
5월	6월	7월	8월
고가츠 ごがつ	로쿠가츠 ろくがつ	시치가츠 しちがつ	하치가츠 はちがつ
9월	10월	11월	12월
쿠가츠 くがつ	쥬-가츠 じゅうがつ	쥬-이치가츠 じゅういちがつ	쥬-니가츠 じゅうにがつ

요일 읽기

월요일	화요일	수요일	목요일
게츠요-비 げつようび	카요-비 かようび	스이요-비 すいようび	모쿠요-비 もくようび
금요일	토요일	일요일	
킹요-비 きんようび	도요-비 どようび	니치요-비 にちようび	

층수 읽기

지하	1층	2층	3층
치카 ちか	익카이 いっかい	니카이 にかい	상가이 さんがい
4층	5층	6층	7층
용카이 よんかい	고카이 ごかい	록카이 ろっかい	나나카이 ななかい

시간 말하기

1시	2시	3시	4시
이치지 いちじ	**니지** にじ	**산지** さんじ	**요지** よじ
5시	6시	7시	8시
고지 ごじ	**로쿠지** ろくじ	**시치지** しちじ	**하치지** はちじ
9시	10시	11시	12시
쿠지 くじ	**쥬-지** じゅうじ	**쥬-이치지** じゅういちじ	**쥬-니지** じゅうにじ
10분	30분	반	
쥿풍 じゅっぷん	**산쥿풍** さんじゅっぷん	**항** はん	

전화번호 말하기

- 전화번호의 숫자를 하나씩 읽으면 됩니다. 0은 'ゼロ(제로)'라고 읽습니다.
- 번호 사이의 –표시는 'の(노)'라고 읽습니다.

0	1	0	-	1	2	3	4	-	5	6	7	8 입니다.
제로	이치	제로	노	이치	니	산	욘	노	고	로쿠	나나	하치 데스

어디서나 통하는 기본 표현 TOP 20

1. 안녕하세요. [아침]	오하요–고자이마스 おはようございます。
2. 안녕하세요. [점심]	곤니치와 こんにちは。
3. 안녕하세요. [저녁]	곰방와 こんばんは。
4. 감사합니다.	아리가토–고자이마스 ありがとうございます。
5. 죄송합니다.	스미마셍 すみません。
6. 괜찮습니다.	다이죠–부데스 大丈夫(だいじょうぶ)です。
7. 실례했습니다.	시츠레–시마시타 失礼(しつれい)しました。
8. 조심히 가세요.	오키오츠케테 お気(き)をつけて。
9. 잘 먹겠습니다.	이타다키마스 いただきます。
10. 잘 먹었습니다.	고치소–사마데시타 ごちそうさまでした。

11. 알겠습니다.	와카리마시타 分(わ)かりました。
12. 모르겠습니다.	와카리마셍 分(わ)かりません。
13. 잠깐 기다려 주세요.	춋또 맛떼 쿠다사이 ちょっと待(ま)ってください。
14. 다시 한 번 말씀해 주시겠어요?	모-이치도하나시테모라에마스까 もう一度(いちど)話(はな)してもらえますか。
15. 부탁드립니다.	오네가이시마스 お願(ねが)いします。
16. 좀 물어봐도 될까요?	춋또 키이테모 이이데스까 ちょっと聞(き)いてもいいですか。
17. 만나서 반갑습니다.	오아이데키테 우레시이데스 お会(あ)いできて嬉(うれ)しいです。
18. 오랜만이에요.	오히사시부리데스 お久(ひさ)しぶりです。
19. 잘 지냈어요?	오겡키데시타까 お元気(げんき)でしたか。
20. 또 만나요.	마타 아이마쇼- また会(あ)いましょう。

① 공항에서 숙소까지!

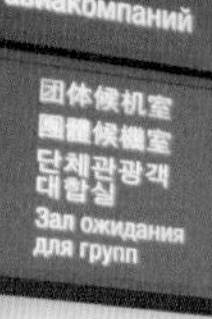

Unit 01 두근두근 일본으로! # 공항에서

Unit 02 난바역까지 가보자고! # 택시&전철에서

Unit 03 체크인, 체크아웃? 문제없지! # 숙소에서

두근두근 일본으로!

진짜 현지 단어

TRACK 01-1

siwonschool

좋아요 321개

① 出口(でぐち) 데구치: 출구

② 外貨両替(がいかりょうがえ) 가이카료-가에: 외화 환전

③ スーツケース 수-츠케-스: 여행 가방, 캐리어

④ お手洗(てあらい) 오테아라이: 화장실

⑤ 出発(しゅっぱつ) 슛파츠: 출발

⑥ ロビー 로비-: 로비

좋아요 321개

⑦ 開始(かいし) 카이시: 시작
⑧ 現金(げんきん) 겡킹: 현금
⑨ USドル 유-에스도루: 미국 달러($)
⑩ 韓国(かんこく)ウォン 캉코쿠웡: 한국 원(₩)
⑪ 金額(きんがく) 킹가쿠: 금액

진짜 만능 패턴

1 공항에서 장소를 물어 볼 때

환전소는 어디에 있나요?

료-가에쇼와 도코니 아리마스까

両替所(りょうがえしょ)はどこにありますか。

ポイント Point

'~은/는 어디에 있나요?'라는 뜻으로 「どこ 어디」를 활용한 표현입니다. 일본에 도착해서 환전소나 화장실 등 장소를 물을 때 사용할 수 있습니다.

① 안내소	② 화장실	③ 택시 승강장
안나이죠	**토이레**	**타쿠시-노리바**
案内所(あんないじょ)	トイレ	タクシー乗(の)り場(ば)

은/는 어디에 있나요?

와 도코니 아리마스까

はどこにありますか。

2 일본에서 환전할 때

엔화로 환전할 수 있나요?

니홍엔니 료-가에 데키마스까

日本円(にほんえん)に両替(りょうがえ)できますか。

ポイント Point

'~(으)로 환전할 수 있나요?'라는 뜻으로 일본에 도착한 이후 환전이 필요한 때 쓸 수 있는 표현입니다.

① 원(₩)	② 달러($)	③ 1만 엔
원	도루	이치망엔
ウォン	ドル	一万円(いちまんえん)

(으)로 환전할 수 있나요?

니 료-가에 데키마스까

に両替(りょうがえ)できますか。

진짜 실전 롤플레잉

무사히 일본 도착! 그런데 미리 환전해둔 엔화를 집에 두고 왔다…!

나

실례합니다, 환전소는 어디에 있나요?

스미마셍 료-가에쇼와 도코니 아리마스까

すみません、両替所(りょうがえしょ)はどこにありますか。

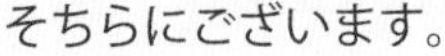

행인

저쪽에 있습니다.

소치라니고자이마스

そちらにございます。

자, 이제 엔화로 환전을 해볼까?

나

저기요, 한국 원화로 10만원 있는데요,

스이마셍 캉코쿠원데 쥬-망원 아룬데스케도

すいません、韓国(かんこく)ウォンで10万(まん)ウォンあるんですけど、

엔화로 환전할 수 있나요?

니홍엔니 료-가에 데키마스까

日本円(にほんえん)に両替(りょうがえ)できますか。

환전소 직원

네, 원에서 엔으로 바꾸시면 이렇게 되는데요…

하이 웡카라 엔데시타라 코치라니 나리마스케도모

はい、ウォンから円(えん)でしたらこちらになりますけども…

네, 괜찮습니다.

하이 다이죠-부데스

はい、大丈夫(だいじょうぶ)です。

9,380엔입니다.

큐-센삼뱌쿠하치쥬-엔니 나리마스

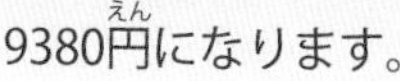

9380円(えん)になります。

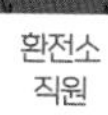

「すみません(스미마셍)」과 「すいません(스이마셍)」은 같은 의미예요. 스이마셍은 스미마셍에서 파생된 표현으로 주로 일상 회화에서 쓰고, 편지, 메일 등 글로 표현할 때는 스미마셍을 쓰는 편이 좋아요.

상세 정보를 요청하는 직원!

이쪽에 주소, 성함, 전화번호를 적어 주세요.

코치라니 고쥬-쇼 오나마에 뎅와방고-오 카이테쿠다사이

こちらにご住所(じゅうしょ)、お名前(なまえ)、電話番号(でんわばんごう)を書(か)いてください。

네.

하이

はい。

상세 정보 중 주소는 한국 주소와 일본에서 머무는 곳의 주소를 쓰면 돼요!

실전 시뮬레이션 영상

행인에게 길을 묻고, 환전소에서 환전할 수 있는지 실전 시뮬레이션 영상을 통해 테스트 해 볼까요?

난바역까지 가보자고!

TRACK 02-1

siwonschool

くだり専用

南海電鉄 乗車券・割引特別急行券 Ticket 081-165739
関西空港 ⇒ 難波
Kansai-Airport Namba ×関トク
Date 12. 12 Car No. Seat
ラピートβ 46号 -5号車33番 スーパー禁煙
Ltd.Exp.rapi:t-β 46
関西空港 ⇒ 難波
Kansai-Airport Namba
[17:05 発] [17:47 着]
乗車券は当日限り有効 下車前途無効 ¥1,500-
自動改札機をご利用ください
lease insert ticket into automatic ticket gate.
022.12.12発行 M 16:06 関西空港 91

踏切あり

좋아요 321개

① くだり 쿠다리: 내리막
② 専用(せんよう) 셍요-: 전용
③ 乗車券(じょうしゃけん) 죠-샤켕: 승차권
④ 急行(きゅうこう) 큐-코-: 급행
⑤ 禁煙(きんえん) 킹엥: 금연
⑥ IC専用(せんよう) 아이시-셍요-: IC카드(교통카드) 전용
⑦ 踏切(ふみきり)あり 후미키리아리: 건널목 있음

siwonschool

좋아요 321개

⑧ 止(と)まれ 토마레: 멈추시오

⑨ 空車(くうしゃ) 쿠-샤: 빈 차(택시)

⑩ タクシー 타쿠시-: 택시

⑪ のりば 노리바: 승차장

⑫ 自転車(じてんしゃ) 지텐샤: 자전거

⑬ 歩行者(ほこうしゃ) 호코-샤: 보행자

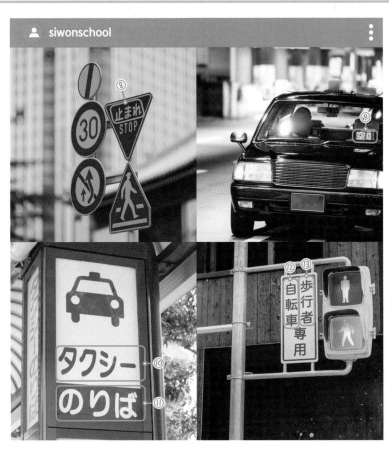

진짜 만능 패턴

1 택시를 타고 목적지를 말할 때

난바역까지 가 주세요.

남바에키마데 잇테 쿠다사이

難波駅(なんばえき)まで行(い)ってください。

ポイント Point

'~까지 가 주세요'라는 뜻으로 택시를 타고 자신이 가고자 하는 목적지를 이야기할 때 주로 쓰는 표현입니다.

① 긴자역	② 쓰텐카쿠	③ 금각사
긴자에키	**츠-텐카쿠**	**킹카쿠지**
銀座駅(ぎんざえき)	通天閣(つうてんかく)	金閣寺(きんかくじ)

까지 가 주세요.

마데 잇테 쿠다사이

まで行(い)ってください。

2 전철역에서 환승 정보를 물을 때

어느 역에서 갈아타면 되나요?

나니 에키데 노리카에 타라 이이데스까

何駅(なにえき)で乗(の)り換(か)えたらいいですか。

ポイント Point

'~에서 갈아타면 되나요?', '~에서 갈아타면 좋을까요?'라는 뜻으로 전철역에서 환승 역이나 환승 정보를 물어볼 때 주로 쓰는 표현입니다.

① 오사카역에서

오-사카에키데

大阪駅(おおさかえき)で

② 다음 역에서

츠기노 에키데

次(つぎ)の駅(えき)で

③ 몇 호선 (몇 번선)

남반센데

何番線(なんばんせん)で

갈아타면 되나요?

노리카에 타라 이이데스까

乗(の)り換(か)えたらいいですか。

진짜 실전 롤플레잉

 친절한 기사님과 함께하는 첫 택시 탑승!

난바역까지 가 주세요.

남바에키 마데 잇테 쿠다사이

難波駅(なんばえき)まで行(い)ってください。

네, 출발하겠습니다.

하이 슛파츠이타시마스

はい、出発(しゅっぱつ)いたします。

(잠시 후)

이쪽에 내려드릴까요?

코치라데 요로시-데스까

こちらでよろしいですか。

네, 여기서 내릴게요.

하이 코코데 다이죠-부데스

はい、ここで大丈夫(だいじょうぶ)です。

 전철 환승은 이제 식은 죽 먹기지~!

저기 실례지만, 우메다역으로 가고 싶은데요,

아노 스미마셍 우메다에키니 이키타인데스케도

あの すみません、梅田駅(うめだえき)に行(い)きたいんですけど、

어느 역에서 갈아타면 될까요?

도노 에키데 노리카에타라 이이데스까

どの駅で乗り換えたらいいですか。

다이코쿠쵸역에서 갈아타세요.

다이코쿠쵸-에키데 노리카에테 쿠다사이

大国町駅で乗り換えてください。

정말 감사합니다.

도-모 아리가토-고자이마시타

どうもありがとうございました。

전철 노선도를 보라며 건네는 역무원!

이거 혹시 필요하시면 가져가세요.

코레 모시 요캇타라 못테 잇테 쿠다사이

これ、もしよかったら持って行ってください。

그래도 되나요? 감사합니다!

이이데스까 아리가토- 고자이마스

いいですか。ありがとうございます。

실전 시뮬레이션 영상

택시 기사님에게 목적지를 말하고, 행인에게 전철 타는 법을 물어볼 수 있는지 실전 시뮬레이션 영상을 통해 테스트해 볼까요?

체크인, 체크아웃? 문제없지!

진짜 현지 단어

TRACK 03-1

siwonschool

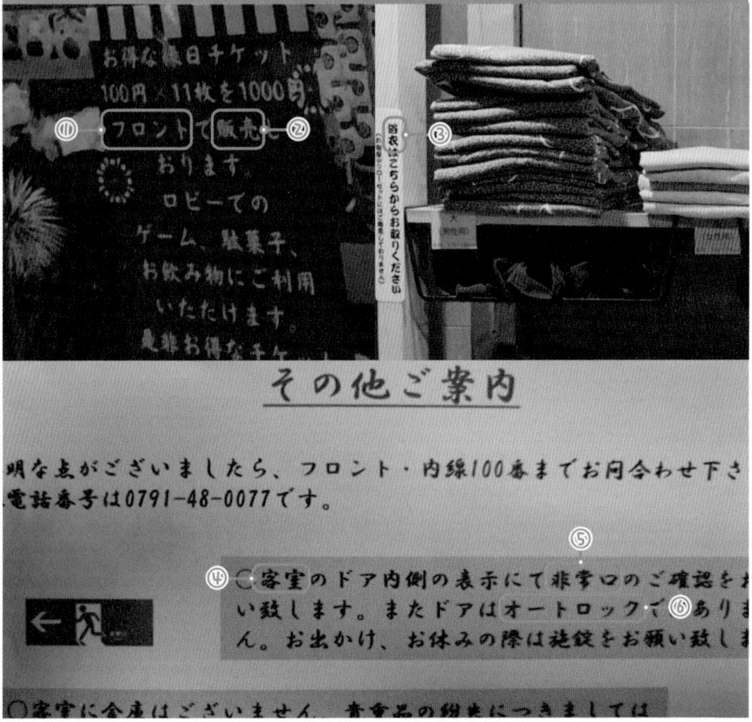

お得な綴日チケット
100円×11枚を1000円
①フロントで販売②しております。
ロビーでの
ゲーム、駄菓子、
お飲み物にご利用
いただけます。

③浴衣はこちらからお取りください

その他ご案内

明な点がございましたら、フロント・内線100番までお問合わせ下さ
電話番号は0791-48-0077です。

④○客室のドア内側の表示にて非常口⑤のご確認をお
い致します。またドアはオートロックで⑥ありま
ん。お出かけ、お休みの際は施錠をお願い致しま

좋아요 321개

① フロント 후론토 : 프론트
② 販売(はんばい) 함바이 : 판매
③ 浴衣(ゆかた) 유카타 : 유카타(일본 전통 의상)
④ 客室(きゃくしつ) 캬쿠시츠 : 객실
⑤ 非常口(ひじょうぐち) 히죠-구치 : 비상구
⑥ オートロック 오-토록쿠 : 자동 잠금

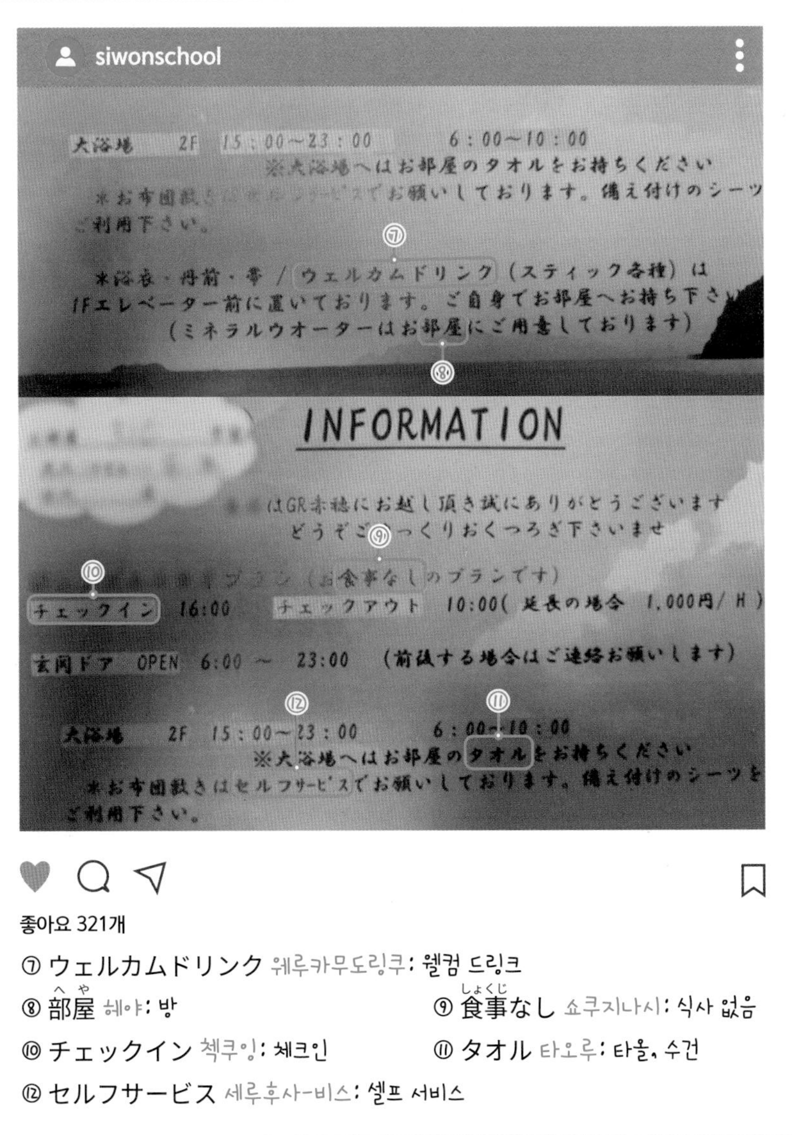

⑦ ウェルカムドリンク 웨루카무도링쿠: 웰컴 드링크

⑧ 部屋(へや) 헤야: 방

⑨ 食事(しょくじ)なし 쇼쿠지나시: 식사 없음

⑩ チェックイン 첵쿠잉: 체크인

⑪ タオル 타오루: 타올, 수건

⑫ セルフサービス 세루후사-비스: 셀프 서비스

진짜 만능 패턴

TRACK 03-2

1 숙소에서 체크인할 때

예약한 김이라고 합니다.

요야쿠시타 키무토 이이마스

予約(よやく)したキムと言(い)います。

ポイント Point

'~(이)라고 합니다'라는 뜻으로 숙소에서 체크인할 때 사용할 수 있습니다. 성씨와 이름을 말해도 좋고, 성씨만 말해도 됩니다.

① 예약한 박	② 예약한 요시다	③ 예약한 스미스
요야쿠시타 파쿠	**요야쿠시타 요시다**	**요야쿠시타 스미쓰**
予約(よやく)したパク	予約(よやく)した吉田(よしだ)	予約(よやく)したスミス

(이)라고 합니다.

토 이이마스

と言(い)います。

2 숙소에 무언가를 요청할 때

체크인 부탁드려요.

첵쿠잉 오네가이시마스

チェックインお願(ねが)いします。

ポイント Point

'부탁드립니다', '~(해) 주세요'라는 뜻으로 상대방에게 공손하게 부탁할 때 사용하는 표현입니다. 숙소 이용 시 필요한 것이 있을 때 주로 쓸 수 있습니다.

① 체크아웃	② 송영	③ 타올, 수건
첵쿠아우토	**소-게-**	**타오루**
チェックアウト	送迎(そうげい)	タオル

부탁드려요.

오네가이시마스

お願(ねが)いします。

숙소에서 손님을 데리러 오거나 데리러 가는 것을 「送迎(そうげい) 송영」이라고 해요!

진짜 실전 롤플레잉

드디어 숙소 도착! 우선 체크인부터~!

나

저기, 예약한 김이라고 합니다.

스미마셍 요야쿠시타 키무토 이이마스

すみません、予約したキムと言います。

이쪽에 기입 부탁드립니다.

코치라니 고키뉴- 오네가이 이타시마스

こちらにご記入お願いいたします。

(잠시후)

금일은 식사가 포함되지 않는 플랜이네요.

혼지츠와 스도마리데스네

本日は素泊まりですね。

방은 310호실입니다.

오헤야와 삼뱌쿠쥬- 고-시츠데 고자이마스

お部屋は310号室でございます。

숙소 직원

네, 감사합니다.

하이 아리가토-고자이마스

はい、ありがとうございます。

나

와이파이 비밀번호 좀 부탁드려요.

와이화이노 파스와-도 오네가이시마스

Wi-Fiのパスワードお願いします。

체크아웃하면서 근처 역까지 데려다 주실 수 있는지 부탁해 보자!

나

체크아웃 부탁드려요.

첵쿠아우토 오네가이시마스

チェックアウトお願いします。

혹시 가장 가까운 역까지 송영 가능할까요?

아노 모요리에키마데 소-게- 카노-데스까

あの、最寄り駅まで送迎可能ですか。

네, 가능합니다.

하이 카노-데스

はい、可能です。

숙소 직원

행선지를 확인하는 숙소 직원!

숙소 직원

오사카 방면으로 돌아가시는 거죠?

오-사카호오멘니 카에라레마스요네

大阪方面に帰られますよね。

나

네, 맞습니다.

하이 소-데스

はい、そうです。

실전 시뮬레이션 영상

숙소에서 체크인과 체크아웃할 수 있는지 실전 시뮬레이션 영상을 통해 테스트해 볼까요?

진짜 여행 꿀팁

혼자 가도, 함께 가도 완벽한 숙소 추천!

혼자 여행할 때 묵기 좋은 숙소

① 게스트하우스

특징 젊은 감성을 충전하려면 이곳이 딱!

장점 저렴하고 여러 여행객과 친해질 수 있음

단점 방음이 미흡한 경우가 많아 미리 확인

② 캡슐 호텔

특징 캡슐 형태로 1인 여행객에게 적합!

장점 저렴한 비용에 비해 시설이 안락한 편

단점 다소 좁은 공간 / 샤워 시설이 공용인 경우가 많음

커플이나 가족이 함께 묵기 좋은 숙소

① 료칸

특징 일본 전통 느낌의 숙박 시설

장점 유카타, 온천 등 일본 완벽 체험

단점 도심 외곽에 위치한 경우 교통이 불편, 비용 차이가 커서 잘 검색할 것

② AIR BnB

특징 집 일부 또는 전체를 대여하는 시스템

장점 일본 가정집을 체험해 볼 수 있음

단점 현금 결제 시 사기 우려가 있으므로 주의

일본 대중교통 이용 전 필수 체크!

① 버스 탈 때

교통카드 이용 한국과 태그 방식이 동일(승하차 시 모두 카드 태그)

현금 이용 탑승할 때 버스 내 번호표 기기에서 번호표를 뽑고, 하차할 때 자신의 번호에 해당하는 금액만큼 지불(잔돈 교환기에서 요금에 맞게 준비 후 요금에 넣음)

② 전철 탈 때

교통카드(스이카, 파스모 등 IC카드) 구매 및 충전하는 방법

공항에서 구매 공항 내 판매기에서 해외 여행객 전용 '웰컴 스이카'나 '파스모 패스포트' 구입

전철역에서 구매 ① 스이카(Suica): JR선 주요역(18개 환승역) 매표소나 발매기에서 구입
② 파스모(Pasmo): 도쿄 메트로, 도에이 지하철 매표소나 발매기에서 구입

충전 IC카드는 편의점 ATM, 전철역 등에서 간편하게 충전 가능!

발권기에서 표를 구매하는 방법

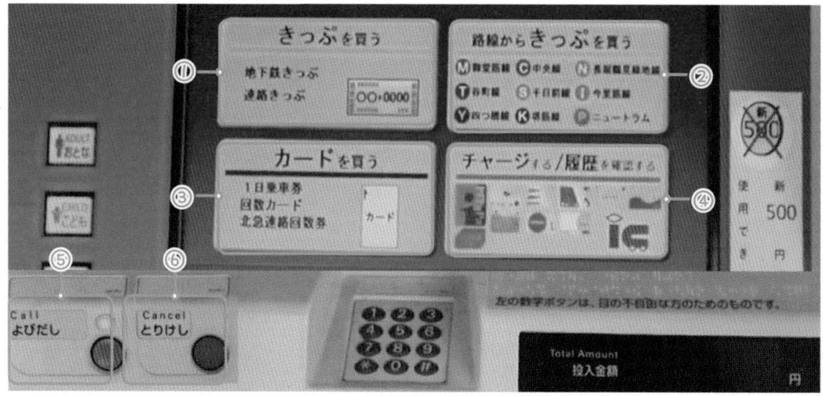

① きっぷを買う 표 구매하기
② 路線からきっぷを買う 노선 선택 후 표 구매하기
③ カードを買う 교통카드 구매하기
④ チャージする 카드 충전하기
⑤ よびだし 직원 호출하기
⑥ とりけし 취소하기

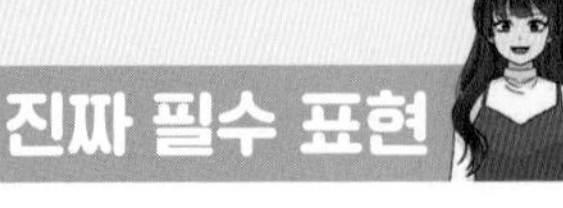

공항에서

① 물 주세요.
오미즈 쿠다사이
お水(みず)ください。

② 신고할 게 없습니다.
싱코쿠 스루모노와 아리마셍
申告(しんこく)するものはありません。

③ 관광하러 왔습니다.
캉코-데 키마시타
観光(かんこう)で来(き)ました。

④ ○○호텔에 묵으려고 합니다.
OO호테루니 토마리마스
○○ホテルに泊(と)まります。

⑤ 어디서 환전할 수 있어요?
도코데 료-가에 데키마스까
どこで両替(りょうがえ)できますか。

⑥ 택시 승강장은 어디예요?
타쿠시-노리바와 도코데스까
タクシー乗(の)り場(ば)はどこですか。

⑦ 역은 어디에 있나요?
에키와 도코니 아리마스까
駅(えき)はどこにありますか。

택시&전철에서

TRACK 03-5

⑧ ○○까지 가 주세요.

OO마데 오네가이시마스
○○までお願(ねが)いします。

⑨ 조금 서둘러 주시겠어요?

스코시 이소이데 모라에마스까
少(すこ)し急(いそ)いでもらえますか。

⑩ 얼마나 걸려요?

도노 구라이 카카리마스까
どのぐらいかかりますか。

⑪ 여기서 세워 주세요.

코코데 토메테 쿠다사이
ここで止(と)めてください。

⑫ Suica로 지불할 수 있나요?

Suica데 시하라에마스까
Suicaで支払(しはら)えますか。

⑬ 이 열차는 급행이에요?

코노 덴샤와 큐-코-데스까
この電車(でんしゃ)は、急行(きゅうこう)ですか。

⑭ ○○행은 몇 번 승장강이에요?

OO유키와 남반노리바데스까
○○行(ゆ)きは、何番乗(なんばんの)り場(ば)ですか。

진짜 필수 표현

⑮ 어디서 갈아타면 되나요?

도코데 노리카에타라 이이데스까
どこで乗(の)り換(か)えたらいいですか。

⑯ 표를 잃어버렸어요.

킵푸오 나쿠시테시마이마시타
切符(きっぷ)を失(な)くしてしまいました。

⑰ 막차는 몇 시까지예요?

슈-뎅와 난지마데데스까
終電(しゅうでん)は、何時(なんじ)までですか。

⑱ 1일 승차권은 어디서 살 수 있어요?

이치니치죠-샤켕와 도코데 카에마스까
1日乗車券(いちにちじょうしゃけん)は、どこで買(か)えますか。

⑲ 이 표로 ○○까지 갈 수 있나요?

코노 킵푸데 OO마데 이케마스까
この切符(きっぷ)で、○○まで行(い)けますか。

숙소에서

⑳ 사이트에서 예약한 ○○입니다.

사이토데 요야쿠시타 OO데스
サイトで予約(よやく)した○○です。

㉑ 체크인해 주세요.

첵쿠잉 오네가이시마스

チェックインお願いします。

㉒ 짐만 맡길 수 있나요?

니모츠다케 아즈캇테 모라에마스까

荷物だけ預かってもらえますか。

㉓ 방이 조금 덥네요.

헤야가 스코시 아츠인데스케도

部屋が少し暑いんですけど。

㉔ (방 호수) ○○호입니다.

OO고-시츠데스

○○号室です。

㉕ 수건만 바꿔 주세요.

타오루다케 코-칸시테 쿠다사이

タオルだけ交換してください。

㉖ 택시를 불러 주실 수 있나요?

타쿠시-오 욘데모라에마스까

タクシーを呼んでもらえますか。

㉗ 공항 버스는 어디서 타나요?

쿠-코-유키노 바스와 도코데 노레마스까

空港行きのバスは、どこで乗れますか。

② 눈과 입이 행복해지는 일본 음식!

길거리 음식의 천국!

진짜 현지 단어

좋아요 321개

①コロッケ 코롯케: 고로케

② かき氷(ごおり) 카키고-리: 빙수

③ 焼(や)(き)そば 야키소바: 야끼소바(일본식 볶음면)

④ たまご 타마고: 달걀

⑤ スペシャル 스페샤루: 스페셜

⑥ チーズ 치-즈: 치즈

siwonschool

좋아요 321개

⑦ フランクフルト 후랑크후르토: 프랑크소시지

⑧ フライドポテト 후라이도포테토: 감자튀김

⑨ いか 이카: 오징어

⑩ ソース 소-스: 소스

⑪ しょうゆ 쇼-유: 간장

⑫ マヨネーズ 마요네-즈: 마요네즈

⑬ たこ焼(や)(き) 타코야키: 타코야끼, 문어빵

진짜 만능 패턴

1 가격이 얼마인지 물어볼 때

다 해서 얼마인가요?

젬부데 이쿠라데스까

全部(ぜんぶ)でいくらですか。

ポイント Point

'얼마인가요?'라는 뜻으로 구매할 때 자주 활용할 수 있는 표현입니다. 「これいくらですか。 이거 얼마인가요?」처럼 매우 간단하게 표현 가능합니다.

① 이거	② 세 개에	③ 낱개로
코레	**밋츠데**	**바라데**
これ	三(みっ)つで	ばらで

얼마인가요?

이쿠라데스까

いくらですか。

2 추가로 주문할 때

고로케 하나 추가로 주세요.

코롯케 히토츠 츠이카데 오네가이시마스

コロッケ一つ追加でお願いします。

ポイント Point

'추가로 주세요'라는 뜻으로 주로 식당, 커피숍, 노점상 등에서 기존에 주문한 것 외에 또 다른 것을 추가 요청할 때 쓰는 표현입니다.

① 야키소바 두 개	② 타코야키 세트	③ 커피도
야키소바 후타츠	**타코야키 셋토**	**코-히-모**
焼きそば二つ	たこ焼きセット	コーヒーも

추가로 주세요.

츠이카데 오네가이시마스

追加でお願いします。

진짜 실전 롤플레잉

일본 길거리에는 정말 다양한 음식이 있네! 어떤 것부터 먹어볼까?

나

저기요, 타코야키 9개 세트 하나랑 야키소바 하나요!

스미마셍 타코야키 큐-코이리 히토츠토 야키소바 히토츠

すみません、たこ焼き９個入り一つと焼きそば一つ。

점원

야키소바는 5~6분 정도 걸리는데,

야키소바 고 롯풍 카카리마스케도

焼きそば5、6分かかりますけど、

괜찮으세요?

다이죠-부데스까

大丈夫ですか。

나

네, 괜찮습니다.

하이 다이죠-부데스

はい、大丈夫です。

다 해서 얼마인가요?

젬부데 이쿠라데스까

全部でいくらですか。

점원

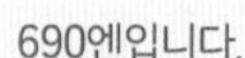

690엔입니다.

롭퍄쿠큐-쥬-엔니 나리마스

690円になります。

 뭔가 아쉬워...! 하나만 더 추가해야지!

나

저기요, 고로케 하나 추가로 주세요.

스미마셍 코롯케 히토츠 츠이카데 오네가이시마스

すみません、コロッケ一つ追加でお願いします。

점원

고로케는 100엔입니다. 잠시만 기다려 주세요.

코롯케 하쿠엔데스 쇼-쇼- 오마치 쿠다사이

コロッケ100円です。少々お待ちください。

돌발상황 들어가는 재료에 대해서 괜찮을지 묻는 점원!

점원

야키소바는 생강 넣어드리는데 괜찮으신가요?

야키소바와 쇼-가 이레테모 요로시-데스까

焼きそばは生姜入れてもよろしいですか。

나

아뇨, 생강은 넣지 말아 주세요.

이이에 쇼-가와 이레나이데 쿠다사이

いいえ、生姜は入れないでください。

실전 시뮬레이션 영상

길거리에서 음식을 주문할 수 있는지 실전 시뮬레이션 영상을 통해 테스트해 볼까요?

일본에 라멘 먹으러 왔어요.

진짜 현지 단어

TRACK 05-1

siwonschool

金久右衛門 人気 ベスト3 スリー

①

淡口あっさり！

こってりトンコツ！

濃口しっかり！

②

第2位 金醤油ラーメン オススメ 細麺 750円

第3位 醤油とんこつ オススメ 細麺 850円

第1位 大阪ブラック オススメ 太麺 800円

③ トッピング

メニュー

食べログで長期に渡り
日本一に輝いた
小ぶりでジューシーな
自信作！

唐揚げ(3ヶ) 320円

④ ギョーザ 一人前 320円

⑤ もやしナムル 380

⑥ メンマ 220円

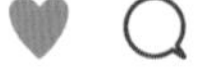  

좋아요 321개

① 人気(にんき) 닝키: 인기

② ラーメン 라-멘: 라멘

③ トッピング 톱핑구: 토핑

④ ギョーザ 교-자: 교자, 만두

⑤ もやしナムル 모야시나무루: 숙주무침

⑥ メンマ 멤마: 죽순을 데쳐서 발효시킨 후 건조한 것

siwonschool

좋아요 321개

⑦ 飲(の)み物(もの) 노미모노: 마실 것

⑧ ビール 비-루: 맥주

⑨ ノンアルコール 논아루코-루: 논알콜

⑩ ソフトドリンク 소후토도링쿠: 음료수

⑪ 細麺(ほそめん) 호소멘: 얇은 면

⑫ 太麺(ふとめん) 후토멘: 두꺼운 면

⑬ セット 셋토: 세트

⑭ ライス 라이스: 밥

진짜 만능 패턴

1 가능 여부를 물어볼 때

아무 데나 (앉아도) 될까요?

도코데모 이이데스까

どこでもいいですか。

ポイント Point

'~될까요?', '~괜찮을까요?'라는 뜻으로 어떤 행동을 하기 전에 먼저 상대방에게 가능 여부를 물을 때 쓰는 표현입니다.

① 주문(해도)

츄-몽

注文(ちゅうもん)

② 카드로 (결제해도)

카-도데

カードで

③ 추가(해도)

츠이카데

追加(ついか)で

될까요?

이이데스까

いいですか。

식당에 자리를 묻고 앉아야 하는 일본! 이처럼 서로 문화가 다를 수 있으니 가급적 미리 확인하는 것이 좋아요!

2 식당에서 요청할 때

진저에일 하나 주세요.

진쟈-에-루 히토츠 쿠다사이

ジンジャーエール一つ(ひと)ください。

ポイント Point

'~주세요'라는 뜻으로 상대방에게 무언가를 가볍게 요청하거나 요구할 때 사용하며, 일상 회화에서 매우 자주 쓰는 표현입니다.

① 맥주 한 잔

비-루 히토츠

ビール一つ(ひと)

② 티슈

팃슈

ティッシュ

③ 차슈 토핑 넣어서

챠-슈- 톱핑구데

チャーシュー
トッピングで

주세요.

쿠다사이

ください。

진짜 실전 롤플레잉

기다리고 기다리던 일본 라멘이다!

나

아무 데나 앉아도 되나요?

도코데모 이이데스까

どこでもいいですか。

편하신 자리에 앉으세요.

오스키나 토코 도-조

お好(す)きなとこどうぞ。

종업원

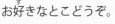

자~ 토핑과 음료까지 제대로 즐겨볼까?

나

쇼유 라멘으로, 조림 달걀 토핑도 넣어 주세요.

쇼-유라-멘데 니타마고노 톱핑구모 오네가이시마스

醤油(しょうゆ)ラーメンで、煮玉子(にたまご)のトッピングもお願(ねが)いします。

네. 이상인가요?(다 주문하셨나요?)

하이 이죠-데스까

はい。以上(いじょう)ですか。

종업원

나

음, 진저에일 하나 주세요.

엣토 진쟈-에-루 히토츠 쿠다사이

えっと、ジンジャーエール一(ひと)つください。

 맛있게 먹었으니 계산하고 다음 맛집 투어 Go!

나

저기요, 카드 결제되나요?

스미마셍 카-도데 이이데스까

すみません、カードでいいですか。

네. 여기 서명해 주세요.

하이 코치라니 오나마에 카이테이타다케마스까

はい。こちらにお名前(なまえ)書(か)いていただけますか。

종업원

일본에서는 현금 결제만 가능하고 카드 결제가 안 되는 곳을 종종 만날 수 있어요! 그렇기 때문에 카드로 결제한다면 결제 전에 카드 결제가 가능한지 미리 확인하는 것이 좋아요.

돌발상황 내가 주문한 토핑을 다시 한 번 체크하는 종업원!

종업원

조림 달걀 하나 맞나요?

니타마고 히토츠데 요로시-데스까

煮玉子(にたまご)一(ひと)つでよろしですか。

아뇨, 두 개 넣어 주세요.

나

이이에 후타츠 이레테 쿠다사이

いいえ、二(ふた)つ入(い)れてください。

실전 시뮬레이션 영상

라멘집에서 주문할 수 있는지 실전 시뮬레이션 영상을 통해 테스트해 볼까요?

드디어 일본 초밥 영접!?

진짜 현지 단어

TRACK 06-1

siwonschool

좋아요 321개

① 寿司(すし) 스시: 초밥
② 持ち帰り(もちかえり) 모치카에리: 포장
③ じゃがバター 쟈가바타-: 버터 감자
④ 唐揚げ(からあげ) 카라아게: 가라아게
⑤ 天ぷら(てんぷら) 템푸라: 튀김
⑥ かに 카니: 게

⑦ 税込(ぜいこ)み 제-코미: 세금 포함(가격)

⑧ 生(なま)ビール 나마비-루: 생맥주

⑨ ウーロン茶(ちゃ) 우-롱챠: 우롱차

⑩ 単品(たんぴん) 탐핑: 단품

⑪ にぎり 니기리: 밥을 손으로 뭉쳐 그 위에 재료를 얹은 초밥

⑫ ちらし 치라시: 넓게 편 밥 위에 각종 재료를 뿌리듯 올린 초밥

진짜 만능 패턴

TRACK 06-2

1 원하는 자리를 찾을 때

자리 있나요?

세키 아리마스까

席(せき)ありますか。

ポイント Point

'~있나요?'라는 뜻으로 '있습니다'라는 의미의 「あります」에 「か」를 붙여 사물의 존재나 소유를 물을 수 있습니다. 식당에서 자리를 확인할 때 주로 쓸 수 있습니다.

① 금연석

킹엔세키

禁煙席(きんえんせき)

② 테이블석

테-브루 세키

テーブル席(せき)

③ 창가석

마도가와노 세키

窓側(まどがわ)の席(せき)

있나요?

아리마스까

ありますか。

2 먹지 못하는 재료가 있을 때

고추냉이 빼고 주세요.

와사비 누키데 오네가이시마스

わさび抜(ぬ)きでお願(ねが)いします。

ポイント Point

'~빼고 주세요'라는 뜻으로 현지 식당에서 먹지 못하는 재료가 들어가는 음식이 있을 때 식당에 말하는 경우에 주로 쓸 수 있습니다.

① 달걀	② 오이	③ 조개류
타마고 たまご	**큐-리** キュウリ	**카이루이** 貝類(かいるい)

빼고 주세요.

누키데 오네가이시마스

抜(ぬ)きでお願(ねが)いします。

진짜 실전 롤플레잉

 내가 찾은 초밥 맛집~ 우선 자리를 찾아보자!

나

안녕하세요, 자리 있나요?

곤니찌와 세키 아리마스까

こんにちは、席(せき)ありますか。

종업원

네, 이쪽으로 오세요.

하이 코치라에 도-조

はい、こちらへどうぞ。

 매운 건 질색! 고추냉이는 빼달라고 요청하자!

나

초밥 2인분에 하나는 고추냉이 빼고 주세요.

스시셋토 후타츠데 히토츠와 사비 누키데 오네가이시마스

寿司(すし)セット二(ふた)つで、一(ひと)つはさび抜(ぬ)きでお願(ねが)いします。

종업원

2인분 맞으시죠?

니닝마에데스요네

2人前(にんまえ)ですよね。

나

네, 맞아요.

하이 소-데스

はい、そうです。

일본 초밥집에서는 「わさび(와사비)」에서 「わ(와)」를 빼고 「さび(사비)」라고 말하는 경우도 많아요!

 드디어 초밥 영접! 입에서 살살 녹아~

종업원

실례합니다. 연어 초밥 나왔습니다.

시츠레-시마스 사-몬데스

失礼(しつれい)します、サーモンです。

네, 감사합니다.

하이 아리가토-고자이마스

はい、ありがとうございます。

나

앗, 재료가 다 떨어졌어요!

종업원

지금 OO (재료)가 다 떨어져서, 주문이 안 됩니다.

이마OO와 자이료-가 키레테 츄-몬 데키마셍

今(いま)OOは材料(ざいりょう)が切(き)れて注文(ちゅうもん)できません。

나

그럼, 괜찮습니다. / 그럼 이상입니다.

소레나라 다이죠-부데스 / 소레데와 이죠-데스

それなら大丈夫(だいじょうぶ)です。/ それでは以上(いじょう)です。

실전 시뮬레이션 영상

초밥집에서 자리를 찾고 초밥을 주문할 수 있는지 실전 시뮬레이션 영상을 통해 테스트해 볼까요?

이자카야에서 느끼는 일본의 맛

siwonschool

좋아요 321개

① 日替(ひが)わり 히가와리: 날마다 바뀜　② 定食(ていしょく) 테-쇼쿠: 정식

③ 牛(ぎゅう)すじ 규-스지: 소 힘줄　④ えび 에비: 새우

⑤ ミックス 믹쿠스: 믹스　⑥ キムチ 키무치: 김치

siwonschool

좋아요 321개

⑦ 枝豆(えだまめ) 에다마메: 삶은 풋콩

⑧ レモン 레몬: 레몬

⑨ 塩(しお) 시오: 소금

⑩ ほたて 호타테: 가리비

⑪ おかわり 오카와리: 리필

⑫ 本日(ほんじつ) 혼지츠: 오늘, 금일

⑬ 休業日(きゅうぎょうび) 큐-교-비: 휴업일

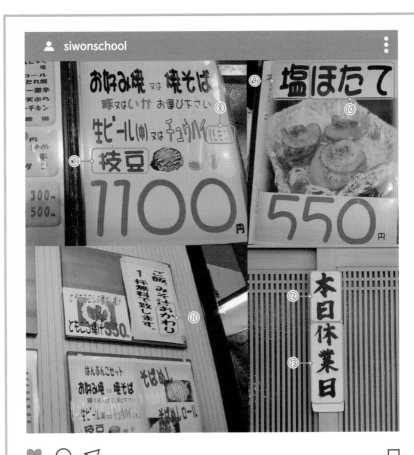

진짜 만능 패턴

TRACK 07-2

1 식당에서 메뉴를 추천받을 때

메뉴 추천해 주세요.

메뉴- 오스스메 시테 쿠다사이

メニューおすすめしてください。

ポイント Point

'~추천해 주세요'라는 뜻으로 '추천'이라는 의미인 「おすすめ」와 부탁을 나타내는 「ください」가 함께 쓰여 메뉴나 여행 코스 등을 추천 받을 때 사용할 수 있습니다.

① 닭꼬치	② 인기 메뉴	③ 음료
야키토리 焼(や)き鳥(とり)	닝키 메뉴- 人気(にんき)メニュー	노미모노 飲(の)み物(もの)

추천해 주세요.

오스스메 시테 쿠다사이

おすすめしてください。

2 식당에서 필요한 것을 요청할 때

영수증 받을 수 있을까요?

레시-토 이타다케마스까

レシートいただけますか。

ポイント Point

'~받을 수 있을까요?'라는 뜻으로 상대방에게 공손하게 요청하는 경우에 사용합니다. 좀 더 가벼운 느낌인 「もらえますか(모라에마스까)」라고 표현해도 됩니다.

① 물수건	② 앞접시	③ 따뜻한 물
오시보리	**토리자라**	**오유**
おしぼり	取(と)り皿(ざら)	お湯(ゆ)

받을 수 있을까요?

이타다케마스까

いただけますか。

공손한 정도에 따른 표현

ください(쿠다사이)
^
もらう(모라우)
^
いただく(이타다쿠)

진짜 실전 롤플레잉

일본 이자카야는 처음인데 어떻게 주문하지...?

나

저기요, 여기 추천 메뉴 있나요?

스미마셍 코노 나카데 오스스메와 아리마스까

すみません、この中(なか)でおすすめはありますか。

이런 비엔나 같은 매운 종류가 잘 나가요.

우잉나-토카 코-이우 카라이노가 요쿠 데마스네

ウインナーとかこういう辛(から)いのがよく出(で)ますね。

종업원

그럼 비엔나 하나, 오코노미야키 하나 주세요.

쟈- 코레 우잉나- 히토츠 오코노미야키 히토츠 쿠다사이

じゃあ、これウインナー一(ひと)つ、お好(この)み焼(や)き一(ひと)つ、ください。

나

(잠시 후)

(음식) 올려 드릴게요. 불 약하게 줄여드릴게요.

오키마스 히노 호오 요와쿠 시토키마스네

置(お)きます。火(ひ)の方(ほう)、弱(よわ)くしときますね。

종업원

나

지금 바로 먹어도 될까요?

이마 스구 타베테모 이이데스까

今(いま)すぐ食(た)べてもいいですか。

영수증은 잘 모아두고 나중에 정리해야지!

종업원

3,070엔입니다.

산젠나나쥬-엔데스

3070円です。

네, 영수증 받을 수 있을까요?

하이 레시-토 이타다케마스까

はい、レシートいただけますか。

나

소스를 뿌려서 줄지 물어보는 친절한 종업원!

종업원

오코노미야키는 마요네즈 뿌려도 괜찮으신가요?

오코노미야키와 마요네-즈 카케테 다이죠-부데스까

お好み焼きはマヨネーズかけて大丈夫ですか。

나

네, 괜찮습니다. (뿌려주세요.)

하이 다이죠-부데스

はい、大丈夫です。

실전 시뮬레이션 영상

이자카야에서 메뉴를 추천 받고 주문할 수 있는지 실전 시뮬레이션 영상을 통해 테스트 해 볼까요?

달콤한 디저트에 커피 한 잔?

TRACK 08-1

siwonschool

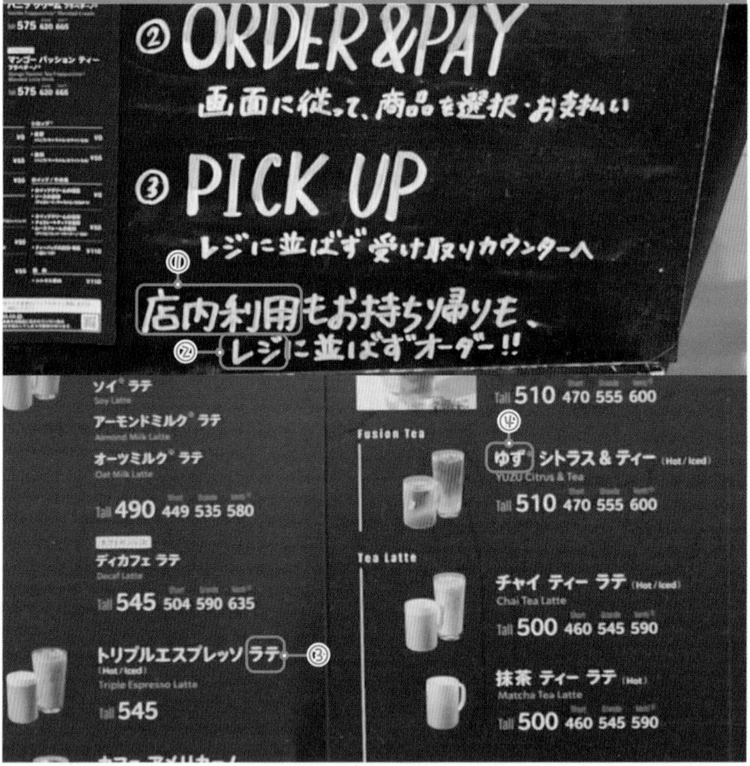

② ORDER&PAY
画面に従って、商品を選択・お支払い
③ PICK UP
レジに並ばず受け取りカウンターへ
①店内利用もお持ち帰りも、
②レジに並ばずオーダー!!

ソイ ラテ
アーモンドミルク ラテ
オーツミルク ラテ
Tall 490 449 535 580
ディカフェ ラテ
Tall 545 504 590 635
トリプルエスプレッソ ③ラテ
Triple Espresso Latte
Tall 545

Tall 510 470 555 600
Fusion Tea
④ゆず シトラス & ティー (Hot / Iced)
YUZU Citrus & Tea
Tall 510 470 555 600
Tea Latte
チャイ ティー ラテ (Hot / Iced)
Chai Tea Latte
Tall 500 460 545 590
抹茶 ティー ラテ (Hot)
Matcha Tea Latte
Tall 500 460 545 590

좋아요 321개

① 店内利用(てんないりよう) 텐나이리요-: 매장 이용 ② レジ 레지: 계산대

③ ラテ 라테: 라떼 ④ ゆず 유즈: 유자

siwonschool

좋아요 321개

⑤ コーヒー 코-히-: 커피
⑥ ティー 티-: 차
⑦ ホット 홋토: 뜨겁다, Hot
⑧ リユース 리유-스: 재사용
⑨ お持ち帰り(も, かえ) 오모치카에리: 테이크아웃, 포장
⑩ キャラメル 캬라메루: 캐러멜
⑪ アイス 아이스: 차갑다, Ice

진짜 만능 패턴

1 원하는 커피 스타일대로 요청할 때

얼음은 적게 가능한가요?

코-리와 스쿠나메니 데키마스까

氷(こおり)は少(すく)なめにできますか。

ポイント Point

'~(하)게/(으)로 가능한가요?'라는 뜻으로 상대방에게 가능 여부를 확인하면서 부탁할 때 쓰는 표현입니다.

① 우유 많이	② 디카페인	③ 저지방 (우유)
미루쿠 오오메 ミルク多(おお)め	**데카훼** デカフェ	**테-시보-(규-뉴-)** 低脂肪(ていしぼう)(牛乳(ぎゅうにゅう))

(하)게/(으)로 가능한가요?

니 데키마스까

にできますか。

2 커피숍에서 필요한 것을 물을 때

플라스틱 빨대 주실 수 있을까요?

푸라스틱쿠노 스토로- 이타다이테모 이이데스까

プラスティックのストロー頂(いただ)いてもいいですか。

ポイント Point

'~(해) 주실 수 있을까요?'라는 뜻으로 주로 커피숍이나 식당에서 종업원에게 무엇인가 요청하는 경우에 사용하는 가장 공손한 표현입니다.

① 큰 사이즈	② 스틱	③ 조각 케이크도
오-키-사이즈 大(おお)きいサイズ	**마도라-** マドラー	**쇼-토케-키모** ショートケーキも

(해) 주실 수 있을까요?

이타다이테모 이이데스까

頂(いただ)いてもいいですか。

진짜 실전 롤플레잉

 나만의 커피 취향에 따라 주문해 봐야지!

종업원

주문 도와드리겠습니다.

오우카가이 이타시마스

お伺いいたします。

아이스 라떼 톨 사이즈로,

아이스 라테노 토-루 사이즈데

アイスラテのトールサイズで、

얼음 적게, 우유 많이 가능한가요?

코오리 스쿠나메데 미루쿠 오-메니 데키마스까

氷少なめで、ミルク多めにできますか。

나

종업원

네, 매장에서 드시고 가시나요?

하이 텐나이데 오스고시데스까

はい、店内でお過ごしですか。

테이크아웃으로 주세요.

테이쿠아우토데

テイクアウトで。

플라스틱 빨대를 주실 수 있을까요?

푸라스틱쿠노 스토로-이타다이테모 이이데스까

プラスティックのストロー頂いてもいいですか。

나

종업원

알겠습니다. 음료는 왼쪽에서 드리겠습니다.

카시코마리마시타 도링쿠와 히다리테카라 오와타시시마스

かしこまりました。ドリンクは左手(ひだりて)からお渡(わた)しします。

손으로 들고 가셔도 괜찮으실까요?

오테모치데 요로시-데스까

お手持(ても)ちでよろしいですか。

나

네, 괜찮아요.

하이 다이죠-부데스

はい、大丈夫(だいじょうぶ)です。

돌발상황 포인트 카드 사용 여부를 묻는 종업원!

종업원

포인트 카드 괜찮으신가요?

포인토카-도 요로시-데스까

ポイントカードよろしいですか。

나

네, 괜찮아요.

하이 다이죠-부데스

はい、大丈夫(だいじょうぶ)です。

실전 시뮬레이션 영상

커피숍에서 원하는 대로 주문할 수 있는지 실전 시뮬레이션 영상을 통해 테스트해 볼까요?

진짜 여행 꿀팁

일본 식당에서 주문이 쉬워지는 치트키!

① 肉そば 니꾸소바
고기 메밀면

② 豚もやし炒め 부타모야 이타메
돼지고기 숙주 볶음

③ えび天丼 에비텐동
새우튀김 덮밥

④ つけもの 츠케모노
절임

⑤ 豚丼 부타동
돼지고기 덮밥

⑥ たまご焼き 타마고야키
계란말이

⑦ もつ鍋 모츠나베
내장 전골

⑧ かつおのたたき
카츠오노 타타키
가다랑어 타타키

⑨ 味噌汁 미소시루
된장국

① 肉(にく) 니꾸 고기
② 炒(いた)め 이타메 볶음
③ えび 에비 새우
④ つけもの 츠케모노 절임
⑤ 丼(どん) 동 덮밥
⑥ 焼(や)き 야키 구이
⑦ 鍋(なべ) 나베 전골
⑧ たたき 타타키 불로 살짝 익힌 음식
⑨ 汁(しる) 시루 국, 국물

일본 길거리 음식 완전 정복하기!

お好(この)み焼(や)き

오코노미야끼

밀가루 반죽에 양배추, 육류, 해산물 등을 섞어 만든 철판 요리

たこ焼(や)き

타코야끼

밀가루 반죽에 문어 등을 넣고 둥글게 구운 음식

焼(や)きそば

야키소바

삶은 면을 채소, 고기, 소스와 함께 볶은 볶음면

鯛(たい)焼(や)き

타이야끼

밀가루 반죽 안에 팥 등을 넣어 구워 만든 간식. 붕어빵과 비슷해요.

りんご飴(あめ)

링고아메

작은 사과에 설탕물을 입혀 굳힌 음식. 여름 축제에서 자주 볼 수 있어요.

団子(だんご)

당고

쌀가루로 만든 경단을 꼬치에 꽂아 익혀 먹는 음식

진짜 필수 표현

길거리에서

① 이건 뭔가요?	**코레와 난데스까** これは、何(なん)ですか。
② 한 세트 주세요.	**셋토 히토츠 쿠다사이** セット一(ひと)つください。
③ 포장해 주세요.	**오모치카에리데 오네가이시마스** お持(も)ち帰(かえ)りでお願(ねが)いします。
④ 얼마나 기다려야 하죠?	**도노쿠라이 마치마스까** どのくらい待(ま)ちますか。
⑤ 반반씩 될까요?	**함분즈츠니 데키마스까** 半分(はんぶん)ずつにできますか。
⑥ 나무젓가락 주세요.	**와리바시 쿠다사이** 割(わ)り箸(ばし)ください。
⑦ IC카드로 결제되나요?	**아이씨-카-도데 하라에마스까** ICカードで払(はら)えますか。

일반 식당에서

TRACK 08-5

⑧ 1(2)명입니다.

히토리(후타리)데스

一人(二人)です。

⑨ 테이블 닦아 주시겠어요?

테-브루오 후이테모라에마스까

テーブルを拭いてもらえますか。

⑩ 인기 메뉴가 뭐예요?

닝키 메뉴-와 난데스까

人気メニューは何ですか。

⑪ 추천 메뉴는 뭐예요?

오스스메노 메뉴-와 난데스까

おすすめのメニューは何ですか。

⑫ 한국어 메뉴 있나요?

캉코쿠고노 메뉴-아리마스까

韓国語のメニューありますか。

⑬ 주문할게요.

츄-몽오네가이시마스

注文お願いします。

⑭ 음료 세트로 해 주세요.

도링쿠셋토니 시테쿠다사이

ドリンクセットにしてください。

진짜 필수 표현

⑮ 리필할 수 있나요?

오카와리데키마스까
おかわりできますか。

⑯ 추가 주문할게요.

츠이카노 츄-몽오네가이시마스
追加の注文お願いします。

⑰ 남은 건 포장해 주세요.

노코리와 츠츤데 쿠다사이
残りは包んで下さい。

⑱ 같은 걸로 하나 더 주세요.

오나지모노데 모-히토츠 쿠다사이
同じものでもう一つください。

⑲ 양 많게(적게) 부탁드려요.

료-오 오-메(스쿠나메)데 오네가이시마스
量を多め(少なめ)でお願いします。

⑳ 런치 메뉴는 몇 시까지예요?

란치와 난지마데데스까
ランチは、何時までですか。

㉑ 논알콜 맥주 있어요?

농아루코-루 비-루 아리마스까
ノンアルコールビールありますか。

㉒ 단품으로 주세요.

탐핀데 오네가이시마스
単品でお願いします。

㉓ **계산해 주세요.**

오카이케-오네가이시마스
お会計お願いします。

커피숍에서

㉔ **아이스(핫)로 주세요.**

아이스(홋토)데 오네가이시마스
アイス(ホット)でお願いします。

㉕ **논카페인으로 주세요. (무카페인)**

농카훼인데 오네가이시마스
ノンカフェインでお願いします。

㉖ **텀블러에 담아주시겠어요?**

탐브라-니 이레테모라에마스까
タンブラーに入れてもらえますか。

㉗ **덜 달게 해주세요.**

아마사히카에메데 오네가이시마스
甘さ控えめでお願いします。

㉘ **크림 빼 주세요.**

호입푸쿠리-므 나시데 오네가이시마스
ホイップクリームなしでお願いします。

③ 일본 여행 필수 구매템,
여기 다 있지!

저…일본 편의점에서 살고 싶어요.

진짜 현지 단어

siwonschool

좋아요 321개

① たばこ 타바코: 담배

② 酒(さけ) 사케: 술

③ 使(つか)えます 츠카에마스: 사용할 수 있어요

④ おすすめ 오스스메: 추천

⑤ カルビ 카루비: 갈비

⑥ 弁当(べんとう) 벤토-: 도시락

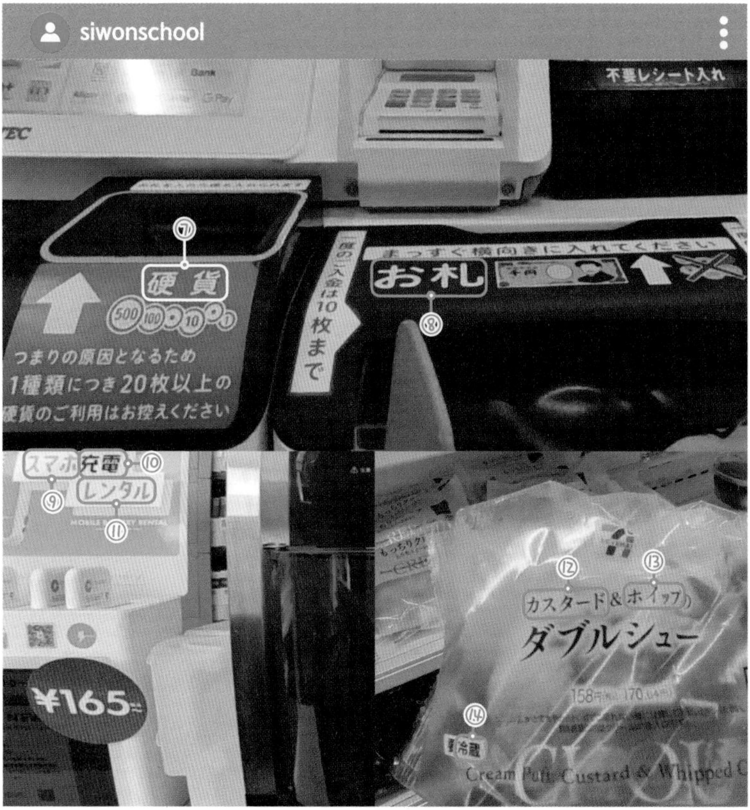

siwonschool

좋아요 321개

⑦ 硬貨(こうか) 코-카: 동전

⑧ お札(さつ) 오사츠: 지폐

⑨ スマホ 스마호: 스마트폰

⑩ 充電(じゅうでん) 쥬-덴: 충전

⑪ レンタル 렌타루: 렌탈, 대여

⑫ カスタード 카스타-도: 커스터드

⑬ ホイップ 호입푸: 휩, 휘핑크림

⑭ 冷蔵(れいぞう) 레-조-: 냉장

진짜 만능 패턴

TRACK 09-2

1 편의점 서비스를 요청할 때

도시락 데워 주실 수 있나요?

오벤토- 아타타메테 모라에마스까

お弁当温(べんとうあたた)めてもらえますか。

ポイント Point

'~(해) 주실 수 있나요?'라는 뜻으로 주로 서비스를 요청하고 부탁할 때 쓰는 표현입니다. 「ください 주세요」보다 정중한 표현입니다.

① 충전(하다)	② 봉투에 담(다)	③ 상품을 찾(다)
챠-지시	후쿠로니 이레	쇼-힝오 사가시
チャージし	袋(ふくろ)に入(い)れ	商品(しょうひん)を探(さが)し

(해) 주실 수 있나요?

테 모라에마스까

てもらえますか。

2 기기의 작동 방법을 물어볼 때

이거 어떻게 사용하나요?

코레 도-얏테 츠카이마스까

これどうやって使(つか)いますか。

ポイント Point

다양한 서비스를 제공하는 일본 편의점에서 기기 사용법을 모를 때 「どうやって 어떻게」를 써서 어떻게 사용하는지 물을 수 있습니다.

① ATM(자동화기기)

에-티-에므

ATM

② 커피 머신

코-히-마신

コーヒーマシン

③ 키오스크 단말기

키오스크노 탄마츠

キオスクの端末(たんまつ)

어떻게 사용하나요?

도-얏테 츠카이마스까

どうやって使(つか)いますか。

진짜 실전 롤플레잉

일본 편의점은 한국과 다른 점이 많네!

나

저기요, 도시락 데워 주실 수 있나요?

스미마셍 오벤토- 아타타메테 모라에마스까

すみません、お弁当(べんとう)温(あたた)めてもらえますか。

네, 2분 데워드릴게요.

하이 니훙 아타타메마스

はい、2分(ふん)温(あたた)めます。

편의점 직원

다 담았으니 이제 계산해 볼까?

나

저기요, 이거 어떻게 사용하나요?

스미마셍 코레 도-얏테 츠카이마스까

すみません、これどうやって使(つか)いますか。

화면을 터치하고 여기에 돈을 넣어주세요.

가멩오 탓치시테 코코니 오카네오 이레테쿠다사이

画面(がめん)をタッチしてここにお金(かね)を入(い)れてください。

편의점 직원

나

이렇게 하면 될까요?

코- 시타라 이이데스까

こうしたらいいですか。

편의점 직원

네, 봉투는 어떻게 하시겠어요?

하이 후쿠로 도-시마스까

はい、袋(ふくろ)どうしますか。

(봉투) 부탁드려요.

오네가이시마스

お願(ねが)いします。

나

일본 편의점은 한국 편의점과 달리 직원이 직접 음식을 전자레인지에 돌려줘요. 그리고 반대로 결제는 손님이 계산대 기기를 통해 직접 한답니다!

돌발상황 연령 확인을 요청하는 편의점 직원!

편의점 직원

연령 확인 버튼을 눌러주세요.

넨레-카쿠닝 보탕 오시테 쿠다사이

年齢確認(ねんれいかくにん)ボタン、押(お)してください。

나

네, 알겠습니다.

하이 와카리마시타

はい、分(わ)かりました。

실전 시뮬레이션 영상

편의점에서 필요한 서비스를 요청하고 계산할 수 있는지 실전 시뮬레이션 영상을 통해 테스트해 볼까요?

UNIT 10

카-토 끌고 여기저기!

진짜 현지 단어

siwonschool

좋아요 321개

① たまねぎ 타마네기: 양파

② 人参(にんじん) 닌징: 당근

③ 特価(とっか) 톡카: 특가

④ 酒類(しゅるい) 슈루이: 주류

⑤ セール 세-루: 세일

siwonschool

좋아요 321개

⑥ カレー 카레-: 카레

⑦ 中辛(ちゅうから) 츄-카라: 중간 매운맛

⑧ 辛口(からくち) 카라쿠치: 매운맛

⑨ レジ袋(ぶくろ) 레지부쿠로: 비닐 봉지

⑩ カゴ 카고: 장바구니

⑪ ハチミツ 하치미츠: 꿀

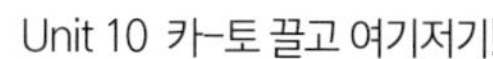

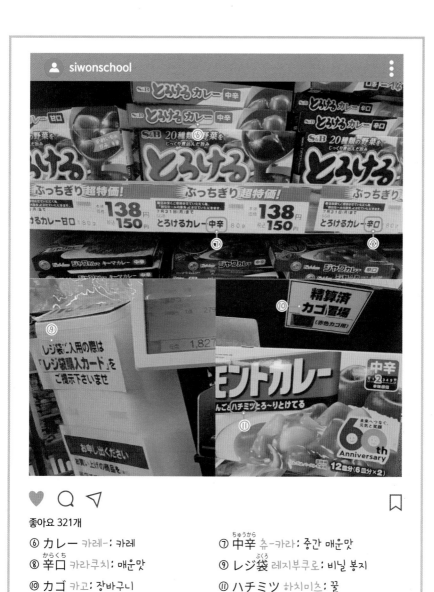

진짜 만능 패턴

TRACK 10-2

1 필요한 것을 요청할 때

봉투 L 사이즈 하나 주시겠어요?

후쿠로 에루사이즈 히토츠 모라에마스까

袋(ふくろ) L サイズ一つ(ひと)もらえますか。

ポイント Point

'~주시겠어요?'라는 뜻으로 명사나 수사 뒤에 쓰이는 표현입니다. 주로 마트나 각종 상점에서 필요한 것을 요청하는 상황에서 쓸 수 있습니다.

① 젓가락 두 개	② 소스 세 개	③ 스푼 하나
오하시 후타츠	**소-스 밋츠**	**스푸웅 히토츠**
お箸二つ(はしふた)	ソース三つ(みっ)	スプーン一つ(ひと)

주시겠어요?

모라에마스까

もらえますか。

2 원하는 것을 나타낼 때

교환하고 싶어요.

코-칸 시타인데스케도

交換(こうかん)したいんですけど。

ポイント Point

'~하고 싶어요'라는 뜻으로 희망사항을 나타냅니다. 뒤에 '가능한가요'라는 뜻인 「できますか(데키마스까)」를 붙여 '~하고 싶은데, 가능한가요?'라는 뜻으로 자주 쓰입니다.

① 시식	② 쿠폰 사용	③ 반품
시쇼쿠	쿠-폰시요-	헴핑
試食(ししょく)	クーポン使用(しよう)	返品(へんぴん)

하고 싶어요.

시타인데스케도

したいんですけど。

진짜 실전 롤플레잉

 결제까지 끝났는데, 봉투를 요청하지 않았네!

직원

결제는 현금으로 하시나요?
오시하라이노 호-와 겡킨데쇼-까
お支払(しはら)いの方(ほう)は現金(げんきん)でしょうか。

카드로 할게요.
카-도데 오네가이시마스
カードでお願(ねが)いします。

죄송하지만, 봉투 L 사이즈 하나 주시겠어요?
스이마셍 후쿠로 에루사이즈 히토츠 모라에마스까
すいません、袋(ふくろ)Lサイズ一(ひと)つもらえますか。

나

직원

네, 결제금 변동됩니다.
하이 촛토 오카이케- 카와리마스네
はい、ちょっとお会計(かいけい)かわりますね。

죄송합니다.
스미마셍
すみません。

나

직원

괜찮습니다. 결제해드리겠습니다.
다이죠-부데스 오아즈카리이타시마스
大丈夫(だいじょうぶ)です。お預(あず)かりいたします。

 이런... 잘못 보고 매운맛 카레를 샀다! 교환 가능할까?

나

정말 죄송한데,
스이마셍 모-시와케나인데스케도
すいません、申(もう)し訳(わけ)ないんですけど、

중간 매운맛으로 교환하고 싶은데, 가능한가요?
츄-카라니 코-칸 시타인데스케도 데키마스까
中辛(ちゅうから)に交換(こうかん)したいんですけど、できますか。

잠시만 기다려 주세요.
춋토 맛테 쿠다사이네
ちょっと待(ま)ってくださいね。

직원

돌발상황 **교환 시 영수증이 필요 없는지 묻는 직원!**

직원

영수증 그대로 괜찮으세요?
레시-토 소노 마마데모 이이데스까
レシートそのままでもいいですか。

나

네, 괜찮아요.
하이 다이죠-부데스
はい、大丈夫(だいじょうぶ)です。

실전 시뮬레이션 영상

마트에서 원하는 것을 요청하고, 교환할 수 있는지 실전 시뮬레이션 영상을 통해 테스트 해 볼까요?

UNIT 11 돈키호테 기념품 싹쓸이!

좋아요 321개

① ドン・キホーテ 동키호-테: 돈키호테(저렴한 가격의 일본 전국 체인 쇼핑몰)

② サロンパス 사론파스: 샤론파스(일본 국민 파스)

③ アルフォート 아루훠-토: 알포트 초코(초코 비스킷)

④ 休足時間(きゅうそくじかん) 큐-소쿠지캉: 휴족시간(다리 피로를 풀어주는 여행 필수템)

⑤ ほろよい 호로요이: 호로요이(츄하이, 달콤하고 톡 쏘는 술의 한 종류)

siwonschool

좋아요 321개

⑥ ロイヒつぼ膏(こう) 로이히츠보코-: 동전파스(작지만 강한 파스)

⑦ キャベジン 캬베진: 카베진(일본 국민 위장약)

⑧ お米(こめ) 오코메: 쌀

⑨ マスク 마스크: 마스크

⑩ 大容量(だいようりょう) 다이요-료-: 대용량

⑪ お得(とく) 오토쿠: 이득

⑫ 巨峰(きょほう) 쿄호-: 거봉

⑬ マスカット 마스캇토: 머스캣, 청포도

진짜 만능 패턴

1 상품의 위치를 물어볼 때

이 상품 어디에 있는지 아시나요?

코노 쇼-힝 도코니 아루까 와카리마스까

この商品(しょうひん)どこにあるか分(わ)かりますか。

ポイント Point

'어디에 있는지 아시나요?'라는 뜻으로 주로 마트나 백화점에서 상품의 위치를 물어 볼 때 쓰는 표현입니다.

① 식품 코너	② 헤어 제품	③ 의약품
쇼쿠힝 코-나- 食品(しょくひん)コーナー	**헤아세-힝** ヘア製品(せいひん)	**이야쿠힝** 医薬品(いやくひん)

어디에 있는지 아시나요?

도코니 아루까 와카리마스까

どこにあるか分(わ)かりますか。

2 계산 시 따로 요청할 때

계산 따로 할 수 있나요?

오카이케- 베츠베츠니 데키마스까

お会計(かいけい)別々(べつべつ)にできますか。

ポイント Point

'~따로 할 수 있나요?'라는 뜻으로 「別々 따로따로」와 「できますか ~할 수 있나요」가 결합되어 각각 따로 처리해 달라고 요청할 때 쓰는 표현입니다.

① 포장	② 술은	③ 몇 개만
호-소-	오사케와	이쿠츠카 다케
包装(ほうそう)	お酒(さけ)は	いくつかだけ

+

따로 할 수 있나요?

베츠베츠니 데키마스까

別々(べつべつ)にできますか。

돈키호테 봉투(면세품)는 출국 전까지 열지 못해요! 이를 고려하여 미리 봉투를 나누어 요청하면 좋아요!

진짜 실전 롤플레잉

 친구가 돈키호테 가면 선물 사오라고 했는데… 한번 찾아보자!

저기요, 이 상품 어디에 있는지 아시나요?

스미마셍 코노 쇼-힝 도코니 아루까 와카리마스까

すみません、この商品どこにあるか分かりますか。

길 따라서 오른쪽에 있어요.

미치나리니 미기요리데스네

道なりに右寄りですね。

아! 있네요. 감사합니다.

아 아리마시타네 아리가토- 고자이마스

あ! ありましたね。ありがとうございます。

 선물용 상품은 따로 계산해야겠다!

죄송한데, 이건 계산 따로 할 수 있나요?

스이마셍 코레와 오카이케- 베츠베츠니 데키마스까

すいません、これはお会計別々にできますか。

알겠습니다. 484엔입니다.

카시코마리마시타 욘햐쿠하치쥬-요엔데스

かしこまりました。484円です。

직원

일시불인가요?

잇카츠데스까

一括(いっかつ)ですか。

네. 일시불로 해주세요.

하이 잇카츠데 오네가이시마스

はい。一括(いっかつ)でお願(ねが)いします。

나

돌발상황 이런, 품절이네요…!

직원

죄송하지만, 그 상품은 품절입니다.

모-시와케아리마셍가 소노 쇼-힝와 시나기레데스

申(もう)し訳(わけ)ありませんが、その商品(しょうひん)は品切(しなぎ)れです。

나

아쉽네요. 알겠습니다.

잔넨데스네 와카리마시타

残念(ざんねん)ですね。分(わ)かりました。

실전 시뮬레이션 영상

돈키호테에서 원하는 물건을 찾고, 분할 결제를 요청할 수 있는지 실전 시뮬레이션 영상을 통해 테스트해 볼까요?

진짜 여행 꿀팁

일본 편의점에서 놀라지 말아요!

① 연령 확인 문구

술, 담배 등 연령 제한이 있는 물품의 경우, 구매자가 직접 버튼을 눌러 연령을 확인해요.

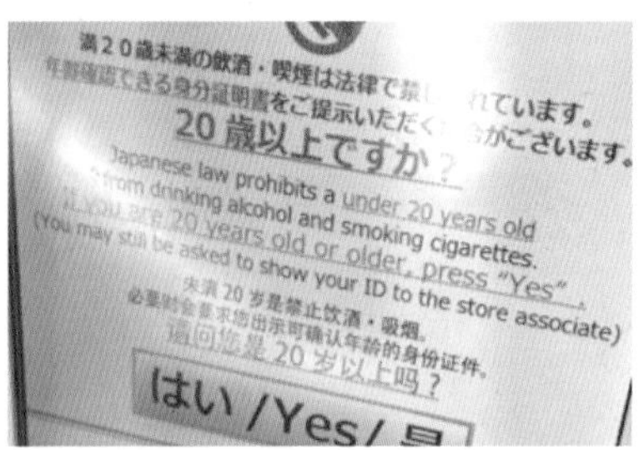

② 결제 방식

결제할 때, 현금, 신용카드 등 구매자가 화면을 터치해서 직접 결제 방법을 선택해야 해요.

일본 편의점에서 꼭 맛봐야 하는 꿀맛 보장 간식!

たまごサンド

타마고산도

달걀 샌드위치

편의점의 다양한 샌드위치 중 단연 베스트셀러

カレーパン

카레-팡

카레빵

편의점 주력 상품! 점포에서 바로 튀겨주는 카레빵

プリン

푸링

푸딩

우유 맛, 커스터드 맛 등 다양! 푸딩계의 종착지!

돈키호테 갈 때 이거 모르고 가면 손해!

免税(めんぜい)

멘제- 면세

세금 제외 5,000엔 이상 구매 시 면세 혜택을 받을 수 있어요. 면세 계산대가 구분되어 있으며 구매 시 여권을 꼭 지참해야 하고, 면세 혜택을 받아 구입한 상품은 귀국 전까지 포장을 개봉해서는 안 돼요!

Discount Coupon
세금 불포함 10,000엔 이상 구매 시 5% 할인
최대
면세 10% OFF + 5% OFF
쿠폰 화면을 계산 시, 직원에게 제시해 주시길 바랍니다.
※주의 : 결제가 완료될 때까지 화면을 닫지 마세요!
お支払・決済時に、レジスタッフにご提示ください。
※注意：決済完了まで、画面を閉じないでください！
レジスタッフの方へ
① 「会員バーコード」をスキャンして下さい。

深夜営業(しんやえいぎょう)

신야에-교- 심야영업

돈키호테의 특징 중 하나는 바로 심야 영업! 지점에 따라 24시간 내내 영업하는 곳도 있어요. 긴 대기시간을 피하고 싶다면 비교적 한산한 시간대에 방문하는 것을 추천해요!

割引券(わりびきけん)

와리비키켄 할인권

10,000엔 이상 구매 시 면세 최대 10% 할인에 추가로 5% 할인을 받을 수 있는 꿀팁! 돈키호테 쿠폰은 공식 홈페이지나 카카오톡 채널에서도 발급 가능하니 꼭 사용해 보세요!

[할인 쿠폰 발급 경로]
카카오톡 채널에서 돈키호테 할인쿠폰 검색 ▸ 프로필에서 돈키호테 할인쿠폰 클릭 ▸ 채팅방에서 쿠폰 받기 클릭 ▸ 쿠폰 발급 완료!

진짜 필수 표현

편의점에서

① 데워 주실 수 있나요?	**아타타메테 모라에마스까** 温めてもらえますか。
② 살짝만 데워 주세요.	**스코시 다케 아타타메테쿠다사이** 少しだけ温めてください。
③ 유통기한은 어느 정도예요?	**쇼-미키겡와 도노구라이데스까** 賞味期限は、どのぐらいですか。
④ 봉투에 담아 주실 수 있나요?	**후쿠로니 이레테 모라에마스까** 袋に入れてもらえますか。
⑤ 이거 (사용) 어떻게 하나요?	**코레 도-얏테 츠카이마스까** これ、どうやって使いますか。
⑥ 얼음컵은 어디에 있나요?	**코-리 콥뿌와 도코니 아리마스까** 氷コップはどこにありますか。
⑦ 영수증은 필요 없어요.	**레시-토와 이리마셍** レシートは要りません。

마트 • 돈키호테에서

TRACK 11-5

⑧ 이 상품 어디 있나요?

코노 쇼-힝 도코니 아리마스까
この商品(しょうひん)どこにありますか。

⑨ 이거 세트 상품이에요?

코레 셋토 쇼-힝데스까
これ、セット商品(しょうひん)ですか。

⑩ 계산 기다리는 줄인가요?

레지니 나란데이루 레츠데스까
レジに並(なら)んでいる列(れつ)ですか。

⑪ 면세 계산대는 어디예요?

멘제-레지와 도코데스까
免税(めんぜい)レジはどこですか。

⑫ 따로따로 담아 주세요.

베츠베츠니 이레테쿠다사이
別々(べつべつ)に入(い)れてください。

⑬ 카드 결제되나요?

카-도데 하라에마스까
カードで払(はら)えますか。

⑭ 이거 교환해 주세요.

코레 코-칸시테쿠다사이
これ、交換(こうかん)してください。

④ 사도 사도 부족해~ 지름신이 강림했다!

UNIT 12

소소하게 사는 재미!

진짜 현지 단어

TRACK 12-1

siwonschool

「プレミアムカスタード」
販売一時休止のお知らせ
全国的な卵不足の影響により、
原材料の安定した入荷が困難となったため
「プレミアムカスタード」の
販売を一時休止
させていただきます。
お客様には大変ご迷惑をおかけいたしますが
1日でも早い販売再開に務めてまいります。
鳴門鯛焼本舗
PREMIUM CHOCOLATE
本
ふるほんや
天牛書店
50 yen
(並)
290円
真打ち生めん
釜あげうどん

좋아요 321개

① 一時休止(いちじきゅうし) 이치지큐-시: 일시중지

② 鯛焼(たいやき) 타이야키: 일본식 붕어빵

③ 本(ほん) 홍: 책

④ ふるほんや 후루홍야: 헌책방

⑤ 並(なみ) 나미: 보통

⑥ うどん 우동: 우동

⑦ 生(なま)めん 나마멘: 생면

siwonschool

좋아요 321개

⑧ タルト 타루토: 타르트

⑨ ロールケーキ 로-루케-키: 롤케이크

⑩ プレミアム 푸레미아무: 프리미엄

⑪ 期間限定(きかんげんてい) 키캉겐테-: 기간 한정

⑫ 自動販売機(じどうはんばいき) 지도-한바이키: 자동 판매기(자판기)

⑬ マルチビタミン 마루치비타민: 멀티비타민

⑭ つめたい 츠메타이: 차갑다

1 계산 방식을 물을 때

신용카드는 쓸 수 있나요?

크레짓토 카-도와 츠카에마스까

クレジットカードは使(つか)えますか。

ポイント Point

'~은/는 쓸 수 있나요?'라는 뜻으로 주로 명사 뒤에 쓰입니다. 마트나 상점 등 다양한 상황에서 계산 방식을 물을 때 활용할 수 있는 표현입니다.

① IC카드	② QR 코드	③ 할인권
아이씨-카-도	큐-아루코-도	와리비키켕
ICカード	QRコード	割引券(わりびきけん)

은/는 쓸 수 있나요?

와 츠카에마스까

は使(つか)えますか。

2 소요 시간을 물을 때

어느 정도 걸리나요?

도레 구라이 카카리마스까

どれぐらいかかりますか。

ポイント Point

'~ 걸리나요?'라는 뜻으로 소요 시간을 물을 때 사용하는 표현입니다. '정도, 쯤'을 나타내는 「~ぐらい(구라이)」는 「~くらい(쿠라이)」로도 바꿔 쓸 수 있습니다.

① 10분 정도	② 몇 분	③ 한참, 꽤
쥿풍 구라이 十分(じゅっぷん)ぐらい	남풍 何分(なんぷん)	켁코- 結構(けっこう)

걸리나요?

카카리마스까

かかりますか。

진짜 실전 롤플레잉

 일본 상점 거리에서 현지 옷을 쇼핑해 보자!

나

저기요, 이 티셔츠 계산해 주세요.
스미마셍 코노 티-샤츠 오카이케- 오네가이시마스
すみません、このTシャツお会計お願いします。

점원1

네, 이걸로 드릴게요. 감사합니다.
하이 코치라데 아리가토-고자이마스
はい、こちらで。ありがとうございます。

나

신용카드 쓸 수 있나요?
크레짓토 카-도와 츠카에마스까
クレジットカードは使えますか。

점원1

정말 죄송합니다.
모-시와케고자이마셍
申し訳ございません。

사용이 안 돼요, au 페이나 현금만 받고 있어요.
츠카에나이데스네 에-유-페이까 겡킨니나리마스
使えないですね、auペイか現金になります。

나

알겠습니다. 그럼 현금으로 할게요.
와카리마시타 쟈- 겡킨데
分かりました。じゃ、現金で。

 일본식 붕어빵, 타이야키! 한번 먹어볼까?

나

저기요, 초콜렛 타이야키 두 개 주세요.

스미마셍 쵸코레-토 타이야키 후타츠 쿠다사이

すみません、チョコレートたい焼(や)き二(ふた)つください。

어느 정도 걸리나요?

도레 구라이 카카리마스까

どれぐらいかかりますか。

점원2

5분 정도 걸립니다.

고훙구라이 카카리마스

5分(ふん)ぐらいかかります。

돌발상황 여기서 바로 드시나요? 가져가시나요?

점원2

바로 드시나요, 가져가시나요?

스구 오메시아가리요-데스까 오모치카에리니 시마스까

すぐお召(め)し上(あ)がり用(よう)ですか、お持(も)ち帰(かえ)りにしますか。

나

바로 먹을 거예요.

스구 타베마스

すぐ食(た)べます。

실전 시뮬레이션 영상

거리 상점에서 쇼핑하고 먹을거리를 살 수 있는지 실전 시뮬레이션 영상을 통해 테스트 해 볼까요?

UNIT 13

M은 작고 L은 커 보여!

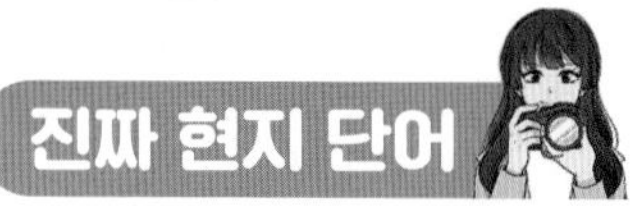

siwonschool

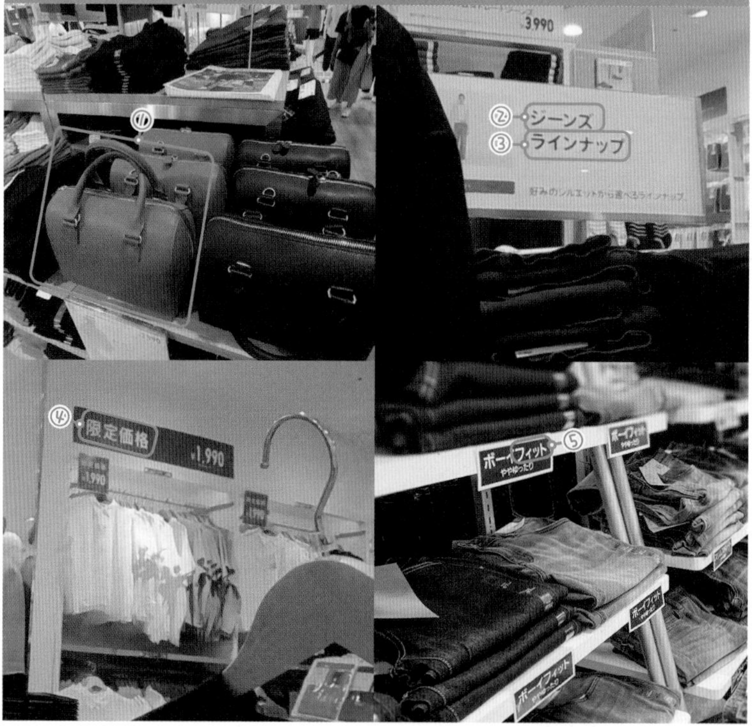

좋아요 321개

① バッグ 박구: 가방(bag)　② ジーンズ 지인즈: 바지

③ ラインナップ 라인납푸: 라인업　④ 限定価格(げんていかかく) 겐테-카카쿠: 한정 가격

⑤ フィット 휫또: 핏

siwonschool

좋아요 321개

⑥ コート 코-토: 코트

⑦ ワイド 와이도: 와이드

⑧ カーゴパンツ 카-고판츠: 카고 바지

⑨ サイズ 사이즈: 사이즈

⑩ 新作(しんさく) 신사쿠: 신제품, 신작

⑪ Tシャツ 티-샤츠: 티셔츠

진짜 만능 패턴

TRACK 13-2

1 착용 전 직원에게 확인할 때

입어 봐도 되나요?

시챠쿠시테 미테모 이이데스까

試着（しちゃく）してみてもいいですか。

ポイント Point

'~(해)도 되나요?'라는 뜻으로 종업원이나 직원에게 어떤 행동을 해도 되는지 예의를 갖추어 물을 때 주로 쓰는 표현입니다.

① (상의) 입어 (보다)	② (하의, 신발) 입어 (보다)	③ (모자) 써 (보다)
키테 미 着（き）てみ	하이테 미 履（は）いてみ	카붓테 미 被（かぶ）ってみ

(해)도 되나요?

테모 이이데스까

てもいいですか。

착용과 관련된 표현!

試着（しちゃく）する 착용해 보다
着（き）る (상의를) 입다
履（は）く (하의를) 입다, (신발) 신다
被（かぶ）る (모자를) 쓰다

2 상품 재고를 물어볼 때

M 사이즈는 남아있지 않나요?

에므사이즈와 노콧테 이나이데스까

Mサイズは残(のこ)っていないですか。

ポイント Point

'~은/는 남아있지 않나요?'라는 뜻으로 찾고 있는 물건이 안 보일 때 직원에게 재고를 묻는 상황에서 주로 쓰는 표현입니다.

① S사이즈	② L사이즈	③ 다른 색깔
에스사이즈 Sサイズ	**에루사이즈** Lサイズ	**치가우 카라-** 違(ちが)うカラー

은/는 남아있지 않나요?

와 노콧테 이나이데스까

は残(のこ)っていないですか。

진짜 실전 롤플레잉

TRACK 13-3

 일본 스타일 옷 가게에서 옷을 좀 사볼까?

나

입어 봐도 될까요?

시차쿠시테 미테모 이이데스까

試着(しちゃく)してみてもいいですか。

네, 두 벌 맞나요? 이쪽에서 이용해 주세요.

하이 니텐데 요로시-데스까 코치라 도-조

はい、2点(てん)でよろしいですか。こちらどうぞ。

직원

 여행하면서 살이 쪘나… 옷이 잘 안 맞잖아?

직원

입어 보신 옷 정리해 드릴까요?

오모도시 다이죠-부데스까

お戻(もど)し大丈夫(だいじょうぶ)ですか。

부탁드려도 될까요?

오네가이시테 이이데스까

お願(ねが)いしていいですか。

나

직원

네, 주세요.

하이 오아즈카리시마스

はい、お預(あず)かりします。

나

저기요, 이 옷 M 사이즈는 남아있지 않나요?

스미마셍 코레노 에므사이즈와 노콧테 이나이데스까

すみません、これのMサイズは残(のこ)っていないですか。

M 사이즈죠, 알아봐 드릴게요.

에므사이즈데스네 오시라베이타시마스

Mサイズですね、お調(しら)べいたします。

(잠시 후)

여기 있습니다.

코치라니 고자이마스

こちらにございます。

직원

이럴 수가! 다른 매장에도 찾는 물건이 없다니…!

직원

죄송하지만 다른 매장에도 없네요.

모-시와케고자이마셍가 호카노 템포니모 고자이마셍

申(もう)し訳(わけ)ございませんが、他(ほか)の店舗(てんぽ)にもございません。

나

신경써 주셔서 감사합니다.

와자와자 아리가토-고자이마스

わざわざありがとうございます。

실전 시뮬레이션 영상

쇼핑할 때 직원과 대화할 수 있는지 실전 시뮬레이션 영상을 통해 테스트해 볼까요?

작고 소중한 내 월급 안녕…

진짜 현지 단어

siwonschool

좋아요 321개

① エレベーター 에레베-타-: 엘리베이터

② インフォメーション 인훠메-숑: 안내소, 인포메이션

③ ショッパー 숍파-: 쇼핑백

④ エスカレーター 에스카레-타-: 에스컬레이터

⑤ ギャラリー 갸라리-: 갤러리

⑥ キャラクター 캬라쿠타-: 캐릭터

⑦ 百貨店(ひゃっかてん) 햑카텡: 백화점

⑧ 合計(ごうけい) 고-케-: 합계

⑨ お釣(つり) 오츠리: 거스름돈

⑩ レシート 레시-토: 영수증

진짜 만능 패턴

1 건물의 층수를 물을 때

산리오샵은 몇 층인가요?

산리오숍뿌와 난카이데스까

サンリオショップは何階(なんかい)ですか。

ポイント Point

'~은/는 몇 층인가요?'라는 뜻으로 일본 여행 중 호텔이나 백화점 등 건물의 층수를 묻는 경우에 다양하게 활용할 수 있는 표현입니다.

① 숙녀복	② 스포츠숍	③ 식당가
후징후쿠	**스포-츠숍뿌**	**레스토랑가이**
婦人服(ふじんふく)	スポーツショップ	レストラン街(がい)

은/는 몇 층인가요?

와 난카이데스까

は何階(なんかい)ですか。

2 정중하게 서비스를 요청할 때

이걸로 해 주실 수 있을까요?

코레니 시테모랏테 이이데스까

これにしてもらっていいですか。

ポイント Point

'~해 주실 수 있을까요?'라는 뜻의 공손한 요청 표현입니다. '~해 주(받)다'라는 뜻의 「してもらう」와 '될까요?'라는 뜻의 「いいですか」가 결합된 표현입니다.

① 안내	② (선물) 포장	③ 새 걸로
안나이	**랍핑구**	**아타라시-모노니**
案内(あんない)	ラッピング	新(あたら)しいものに

해 주실 수 있을까요?

시테모랏테 이이데스까

してもらっていいですか。

진짜 실전 롤플레잉

 꿈에 그리던 캐릭터 매장 근처인데, 어디지? 매장을 못 찾겠다!

나

저기요, 산리오 매장은 몇 층인가요?

스미마셍 산리오숍뿌와 난카이데스까

すみません、サンリオショップは何階(なんかい)ですか。

7층에 있습니다.

나나카이니 고자이마스

7階(かい)にございます。

쭉 직진하시면 엘리베이터가 있어요.

맛스구이쿠토 에레베-타-가 아리마스

まっすぐ行(い)くとエレベーターがあります。

인포메이션
직원

나

감사합니다.

아리가토-고자이마스

ありがとうございます。

 드디어 귀여운 굿즈 다 담았네! 내 월급 안녕~

나

죄송하지만, 이거 포장해 주실 수 있을까요?

스이마셍 코레 랍핑구 시테모랏테 이이데스까

すいません、これラッピングしてもらっていいですか。

네, 알겠습니다. 이게 55엔, 이쪽이 11엔이에요.

하이 카시코마리마시타 코레데 고쥬-고엔 코치라가 쥬-이치엔데스

はい、かしこまりました。これで55円、こちらが11円です。

이걸로 부탁드립니다.

코레니 시마스

これにします。

돌발상황 다른 상품과 함께 담아도 될지 묻는 직원!

함께 넣어드려도 될까요?

잇쇼니 이레테모 이이데스까

一緒に入れてもいいですか。

네, 괜찮아요.

하이 다이죠-부데스

はい、大丈夫です。

실전 시뮬레이션 영상

백화점에서 매장 위치를 묻고 원하는 것을 요청할 수 있는지 실전 시뮬레이션 영상을 통해 테스트해 볼까요?

UNIT 15

선물용으로 딱! 화장품 투어

siwonschool

좋아요 321개

① アイクリーム 아이쿠리-무: 아이크림
② コスメ 코스메: 화장품
③ 美白(びはく) 비하쿠: 미백
④ クーポン 쿠-퐁: 쿠폰
⑤ ヘアオイル 헤아오이루: 헤어 오일
⑥ 商品(しょうひん) 쇼-힝: 상품
⑦ リピーター 리피-타-: 단골, 재구매자

siwonschool

좋아요 321개

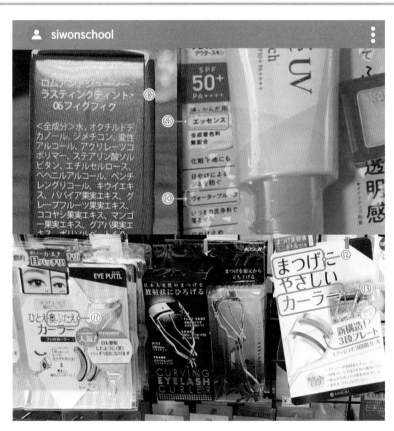

⑧ ティント 틴토: 틴트(입술용 화장품)　⑨ エッセンス 엣센스: 에센스

⑩ ウォータープルーフ 워-타-프루-후: 워터프루프

⑪ 奥(おく)ぶたえ 오쿠부타에: 속쌍꺼풀　⑫ まつげ 마츠게: 속눈썹

⑬ カーラー 카-라- : 속눈썹을 말아올리는 도구(curler), 뷰러

진짜 만능 패턴

1 상품에 대한 정보를 물을 때

인기 있는 컬러는 어느 것인가요?

닝키가 아루카라-와 도레데스까

人気(にんき)があるカラーはどれですか。

ポイント Point

'~은/는 어느 것인가요?'라는 뜻으로 쇼핑할 때 상품의 색상, 사이즈, 히트 상품, 세일 상품 등에 대한 정보를 물을 때 주로 쓰는 표현입니다.

① 신상품	② 히트 상품	③ 세일 상품
신쇼-힝 新商品(しんしょうひん)	힛토 쇼-힝 ヒット商品(しょうひん)	세-루 쇼-힝 セール商品(しょうひん)

은/는 어느 것인가요?

와 도레데스까

はどれですか。

2 또 다른 상품에 대해 물을 때

이 사이즈 뿐인가요?

코노 사이즈 다케데스까

このサイズだけですか。

ポイント Point

'~뿐인가요?'라는 뜻으로 현재 상품 외에 찾고 있는 다른 색상이나 사이즈 등 또 다른 상품이 있는지 물어보는 경우에 활용할 수 있습니다.

① 이 컬러

코노 카라-

このカラー

② 이 용량

코노 요-료-

この容量(ようりょう)

③ 샘플

삼푸루

サンプル

뿐인가요?

다케데스까

だけですか。

진짜 실전 롤플레잉

선물용으로 일본 화장품은 언제나 최고지!

직원

괜찮으시면 도와드릴까요?

요캇타라 오우카가이이타시마스

よかったらお伺(うかが)いいたします。

나

선물용인데요,

푸레젠토요-난데스케도

プレゼント用(よう)なんですけど、

립 제품에서 인기 있는 컬러는 어느 것인가요?

립푸데 닝키가 아루카라-와 도레데스까

リップで人気(にんき)があるカラーはどれですか。

직원

이게 굉장히 인기 있어요.

코레토카 멧챠 닝키데스요

これとかめっちゃ人気(にんき)ですよ。

나

그렇군요. 이것 말고는 어떤 게 인기 있나요?

소-데스네 코레 이가이니와 나니가 닝키데스까

そうですね。これ以外(いがい)には何(なに)が人気(にんき)ですか。

직원

이게 인기 있어요. 장미향 바디 미스트예요.

코레데스 로-즈노 카오리노 보디미스토데스

これです。ローズの香(かお)りのボディミストです。

이건 이 사이즈 뿐인가요?

코레와 코노 사이즈 다케데스까

これはこのサイズだけですか。

나

직원

미니 사이즈도 나옵니다.

사이즈와 미니모 데테룬데스

サイズはミニも出(で)てるんです。

돌발상황 **선물 받는 사람의 연령대를 묻는 직원!**

직원

선물하시는 분 연령대가 어떻게 되시나요?

난사이구라이노 카타노 푸레젠토난데스까

何歳(なんさい)ぐらいの方(かた)のプレゼントなんですか。

나

30대입니다.

산쥬-다이데스

30代(だい)です。

실전 시뮬레이션 영상

가장 인기 있는 화장품을 묻고 원하는 것을 구매할 수 있는지 실전 시뮬레이션 영상을 통해 테스트해 볼까요?

한국과 다른 일본의 옷과 신발 사이즈

① 옷 사이즈

공통	한국 사이즈		일본 사이즈 (남녀 공통)
	여성	남성	
XS	33	85	5(号)
S	44	90	7(号)
M	55	95	9(号)
L	66	100	11(号)
XL	77	105	13(号)
XXL	88	110	15(号)

② 신발 사이즈

한국 사이즈(mm)	일본 사이즈(cm)
225	22.5
230	23
235	23.5
...	...
260	26
265	26.5
270	27
275	27.5

일본 여행 때 쟁여놔야 하는 화장품 LIST!

① 비오레 UV 선크림(ビオレユーブイ)

이거 선크림이 아니라 수분크림 아닌가요? 수분감이 넘치는 선크림으로 유명!

② 센카 퍼펙트휩(センカパーフェクトホイップ)

클렌징 원탑! 한국에서도 쉽게 볼 수 있지만 일본에서 훨씬 저렴하게 구매 가능!

③ 캔메이크 아이섀도우(キャンメイクアイシャドウ)

색조 화장이 유명한 일본 화장품! 퀄리티 대비 가격 또한 저렴하며 가성비까지 최고!

④ 코세 라체스카 클렌징 오일(コーセーラチェスカオイルクレンジング)

한국엔 많이 알려져 있지 않지만, 세정력이 좋고 자극도 없어 일본에서는 이미 유명세!

일본 여행에서 가볼 만한 상점가

天神橋筋商店街(てんじんばしすじしょうてんがい)

텐진바시스지쇼-텐가이

텐진바시스지 상점가

약 2.6Km의 일본에서 가장 긴 상점가! 현지인에게 인기인 로컬 맛집, 커피숍, 잡화점 등 쇼핑과 식사를 할 수 있는 가게가 모여 있어요.

渋谷(しぶや)センター街(がい)

시부야센타-가이

시부야 센터가이

시부야 스크램블 교차로 근처에 위치하여, 항상 사람들로 북적이는 거리예요. 패션, 음식 등 일본의 최신 트렌드를 알 수 있어요.

大須商店街(おおすしょうてんがい)

오-스쇼-텐가이

오스 상점가

나고야에 위치한 번화한 상점가! 전통 화과자뿐만 아니라, 의류, 전자제품 등 다양한 가게가 밀집해 있어 현지 분위기를 느낄 수 있어요.

仲見世通り商店街(なかみせどおりしょうてんがい)

나카미세도-리쇼-텐가이

나카미세도리 상점가

일본에서 가장 오래된 상점가 중 한 곳으로 유명해요. 옛날 일본의 감성을 느낄 수 있는 아기자기한 소품들과 먹거리를 즐길 수 있어요.

진짜 필수 표현

구매할 때

① 이것 보여주실 수 있나요?	**코레 미세테모라에마스까** これ、見せてもらえますか。
② 입어 봐도 되나요?	**시챠쿠시테모 이이데스까** 試着してもいいですか。
③ 신어 봐도 돼요? (하의)입어 봐도 돼요?	**하이테 미테모 이이데스까** 履いてみてもいいですか。
④ 새 상품 있나요?	**아타라시-모노 아리마스까** 新しいものありますか。
⑤ 다른 색상도 있나요?	**호카노 이로모 아리마스까** 他の色もありますか。
⑥ 큰(작은) 사이즈 있나요?	**오-키-(치-사이) 사이즈 아리마스까** 大きい(小さい)サイズありますか。
⑦ 이거 세일 상품이에요?	**코레 세-루 쇼-힝데스까** これ、セール商品ですか。

⑧ 다른 색으로 하나 더 주세요.

이로치가이데 모- 히토츠 쿠다사이

色違いでもう一つください。

⑨ 이것 남녀공용인가요?

코레 단죠켕요-데스까

これ、男女兼用ですか。

⑩ 좀 더 저렴한 것도 있나요?

모- 스코시 야스이 모노모 아리마스까

もう少し安いものもありますか。

⑪ 인기 있는 것은 어느 거예요?

닝키가 아루노와 도레데스까

人気があるのはどれですか。

⑫ 이 매장은 몇 층에 있나요?

코노 미세와 난카이니 아리마스까

この店は何階にありますか。

⑬ 면세 받을 수 있나요?

멘제-데키마스까

免税できますか。

⑭ 선물용으로 포장해 주세요.

푸레젠토요-니 랍핑구시테 쿠다사이

プレゼント用にラッピングしてください。

Unit 16 나의 길흉을 점쳐 보자! # 신사·절에서

Unit 17 일본 랜드마크 완전 정복! # 랜드마크에서

Unit 18 잠자던 동심이 깨어난다! # 놀이공원에서

UNIT 16 나의 길흉을 점쳐 보자!

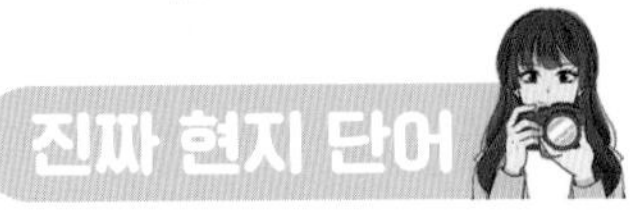

TRACK 16-1

siwonschool

좋아요 321개

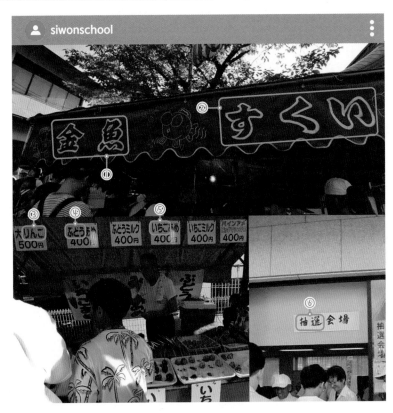

① 金魚(きんぎょ) 킹교: 금붕어	② すくい 스쿠이: 건지기
③ りんご 링고: 사과	④ ぶどう 부도-: 포도
⑤ いちご 이치고: 딸기	⑥ 抽選(ちゅうせん) 츄-셍: 추첨

siwonschool

좋아요 321개

⑦ おみくじ 오미쿠지: 길흉을 점칠 수 있는 뽑기(절이나 신사에서 볼 수 있음)

⑧ 一回(いっかい) 잇카이: 1회, 한 번

⑨ 大吉(だいきち) 다이키치: 대길(운이 매우 좋음)

⑩ 運勢(うんせい) 운세-: 운세

⑪ 幸運(こううん) 코-운: 행운

⑫ はずれ 하즈레: 꽝

⑬ くじびき 쿠지비키: 제비뽑기

⑭ 大当り(おおあたり) 오-아타리: 대성공, 대박

진짜 만능 패턴

TRACK 16-2

1 관광지에서 요청할 때

사진 찍어 주실 수 있나요?

샤싱톳테 이타다케마스까

写真撮っていただけますか。

ポイント Point

'~(해) 주실 수 있나요?'라는 뜻으로 관광지에서 사진 촬영이나 도움을 요청하는 등 어떠한 행위를 매우 정중하게 부탁할 때 사용할 수 있는 표현입니다.

① 동영상을 찍(다)	② 도와(주다)	③ 길을 알려(주다)
도-가오톳	테츠닷	미치오 오시에
動画を撮っ	手伝っ	道を教え

(해) 주실 수 있나요?

테 이타다케마스까

ていただけますか。

2 대기줄이 헷갈릴 때

이거 입장줄인가요?

코레 뉴-죠-노 레츠데스까

これ入場(にゅうじょう)の列(れつ)ですか。

ポイント Point

'~줄인가요?'라는 뜻으로 관광지에서 줄을 서거나 대중교통을 이용하는 상황처럼 대기줄이 헷갈리는 경우에 확실하게 물어볼 수 있는 표현입니다.

① 이거 대기	② 이거 체험	③ 이거 오미쿠지
코레 마치	코레 타이켄	코레 오미쿠지
これ待(ま)ち	これ体験(たいけん)	これおみくじ

줄인가요?

노 레츠데스까

の列(れつ)ですか。

일본 신사나 절에서는 제비뽑기 같은 체험을 할 수 있어요!

진짜 실전 롤플레잉

 신사에는 처음 와 보네...! 사진 찍어달라고 부탁해 보자!

나

저기요, 사진 찍어 주실 수 있나요?

스이마셍 샤싱톳테 이타다케마스까

すいません、写真(しゃしん)撮(と)って頂(いただ)けますか。

세로로 찍어 드릴까요, 가로로 찍어 드릴까요?

타테데스까 요코데스까

縦(たて)ですか、横(よこ)ですか。

행인

나

그럼, 세로로 찍어 주세요.

쟈- 타테데 오네가이시마스

じゃあ、縦(たて)でお願(ねが)いします。

 이게 그 '오미쿠지'라는 것이구나! 내 운을 점쳐 볼까?

나

저기요, 이거 오미쿠지 줄인가요?

스이마셍 코레 오미쿠지노 레츠데스까

すいません、これおみくじの列(れつ)ですか。

네, 맞아요.

하이 소-데스

はい、そうです。

행인

나

오미쿠지, 지금 할 수 있나요?

오미쿠지 이마 데키마스까

おみくじ、今(いま)できますか。

네, 여기에 100엔 넣어 주세요.

하이 코코니 햐쿠엥 이레테쿠다사이

はい、ここに100円(えん)入(い)れてください。

직원

오미쿠지 하는 법!

신사·절에 따라 방법이 조금씩 다르지만, 흔히 100엔 정도를 지불하고 막대 통을 흔들어서 뽑고, 적힌 숫자에 해당하는 오미쿠지 종이를 꺼내 결과를 확인해요!

뽑기 결과를 알려줄 때 어떻게 반응하면 좋을까?

행인

오미쿠지 결과 '길(吉)'이 나왔어요.

오미쿠지노 켓카와 키치데스

おみくじの結果(けっか)は吉(きち)です。

나

와, 정말요? 좋네요!

와- 혼토-데스까 이이데스네

わあ、本当(ほんとう)ですか。いいですね。

실전 시뮬레이션 영상

신사나 절에서 사진을 요청하고 대기 줄을 물어볼 수 있는지 실전 시뮬레이션 영상을 통해 테스트해 볼까요?

UNIT 17

일본 랜드마크 완전 정복!

진짜 현지 단어

TRACK 17-1

siwonschool

좋아요 321개

① 本店(ほんてん) 혼텡: 본점

② ふぐ 후구: 복어

③ 専門(せんもん) 셈몽: 전문

④ チケット 치켓토: 티켓

⑤ 売(う)り場(ば) 우리바: 파는 곳

⑥ 営業中(えいぎょうちゅう) 에-교-츄-: 영업 중

⑦ 串(くし)かつ 쿠시카츠: 꼬치 튀김

siwonschool

좋아요 321개

⑧ 足元(あしもと) 아시모토: 발 밑, 발걸음

⑨ 待(ま)ち 마치: 대기(시간)

⑩ ライブ配信(はいしん) 라이브하이싱: 라이브 방송

⑪ 禁止(きんし) 킨시: 금지

⑫ お守(まも)り 오마모리: 부적

⑬ 売切(うりきれ) 우리키레: 품절

진짜 만능 패턴

TRACK 17-2

1 마감 시간을 물을 때

전망대 오늘 몇 시까지인가요?

템보-다이 쿄-난지마데데스까

展望台(てんぼうだい)、今日(きょう)何時(なんじ)までですか。

ポイント Point

'~몇 시까지인가요?'라는 뜻으로 관광지나 식당에서 마감 시간을 확인할 때 주로 사용하는 표현입니다.

① 영업 시간은

에-교-지캉와

営業時間(えいぎょうじかん)は

② 입장은

뉴-죠-와

入場(にゅうじょう)は

③ 이 이벤트는

코노 이벤토와

このイベントは

몇 시까지인가요?

난지마데데스까

何時(なんじ)までですか。

2 액티비티 종류를 물을 때

타워 슬라이더는 어떤 것인가요?

타와-스라이다-와 도-이우모노데스까

タワースライダーはどういうものですか。

ポイント Point

'~은/는 어떤 것인가요?'라는 뜻으로 주로 랜드마크나 관광지에서 모르는 액티비티나 이벤트를 보았을 때 어떤 것을 지칭하는지 확실히 물어볼 때 쓰는 표현입니다.

① 스탬프 랠리	② 스카이워크	③ 워킹 투어
스탐푸 라리-	**스카이워-쿠**	**워-킹구츠아-**
スタンプラリー	スカイウォーク	ウォーキングツアー

은/는 어떤 것인가요?

와 도-이우모노데스까

はどういうものですか。

일본에는 다양한 스탬프 투어가 있어요. 도장을 찍으며 추억을 기록해 봐요!

진짜 실전 롤플레잉

 오사카 명물 쓰텐카쿠 전망대에 오다!

저기요, 전망대 오늘 몇 시까지인가요?

스이마셍 템보-다이 쿄-난지마데데스까

すいません、展望台(てんぼうだい)、今日何時(きょうなんじ)までですか。

19시 반까지입니다.

쥬-쿠지한마데데 슈-료-데스네

19時半(じはん)までで終了(しゅうりょう)ですね。

 전망대 외에 다른 체험 거리도 한번 물어볼까?

타워 슬라이드는 어떤 것인가요?

타와-스라이다-와 도-이우모노데스까

タワースライダーはどういうものですか。

큰 미끄럼틀이라고 생각하시면 됩니다.

오-키- 스베리다이토 오못테이타다이타라

大(おお)きい滑(すべ)り台(だい)と思(おも)っていただいたら。

이건 한 번에 얼마인가요?

코레와 잇카이 이쿠라데스까

これは一回(いっかい)いくらですか。

성인은 한 번에 천 엔이에요. 전망대는 900엔이고요.

잇카이 오토나와 셍엔데스네 템보-다이와 큐-하쿠엔데스케도네

一回、大人は千円ですね。展望台は900円ですけどね。

직원

나

알겠습니다. 감사합니다.

와카리마시타 아리가토-고자이마스

分かりました、ありがとうございます。

돌발상황 갑자기 사진을 찍어준다는 직원

직원

사진을 찍어 드리고 있습니다. 어떠신가요?

오샤싱 톳테 이타다이테이마스 이카가데스까

お写真撮っていただいています。いかがですか。

나

네, 찍어주세요.

하이 톳테구다사이

はい、撮ってください。

실전 시뮬레이션 영상

일본의 랜드마크에서 직원과 소통할 수 있는지 실전 시뮬레이션 영상을 통해 테스트해 볼까요?

잠자던 동심이 깨어난다!

siwonschool

좋아요 321개

① ジェットコースター 젯토코-스타-: 롤러코스터

② のりかた 노리카타: 타는 법

③ 小学生(しょうがくせい) 쇼-각세-: 초등학생

④ 次(つぎ) 츠기: 다음

⑤ ショー 쇼-: 쇼(show)

siwonschool

SUPER NINTENDO
⑥ エリア ⑦ 入場整理券 2 名
2023 7/12
19:10 - ⑧ 19:30
1072814182
エリア内ではアトラクション、レストラン、
ショップ、フォトサービスの受付を終了、
または中断している場合があります。
このチケットは再発行、キャンセル ⑨
予約時間の変更はできません。
メリーゴーランド ⑩
お一人 きっぷ 3 枚
⑪ 定員20名
ユニバーサル・ワンダーランド
アビーのマジカル ツリー ⑫
ユニバーサル・ワンダーランド
アビーのマジカル パーティ ⑬

좋아요 321개

⑥ エリア 에리아: 구역

⑦ 入場(にゅうじょう) 뉴-죠-: 입장

⑧ アトラクション 아토락숑: 놀이기구

⑨ キャンセル 캰세루: 캔슬, 취소

⑩ メリーゴーランド 메리-고-란도: 회전목마

⑪ 定員(ていいん) 테-잉: 정원

⑫ ツリー 츠리-: 트리, 나무

⑬ パーティー 파-티-: 파티

진짜 만능 패턴

1 시설이나 줄이 맞는지 확인할 때

입장줄은 여기가 맞나요?

뉴-죠-레츠와 코코데 앗테마스까

入場列(にゅうじょうれつ)はここで合(あ)ってますか。

ポイント Point

'~은/는 여기가 맞나요?'라는 뜻으로 놀이공원의 다양한 시설이나 줄을 정확히 확인할 때 유용하게 활용할 수 있는 표현입니다.

① 대기줄	② 보관함	③ 매표소
마치 레츠	록카-	치켓토 우리바
待(ま)ち列(れつ)	ロッカー	チケット売(う)り場(ば)

은/는 여기가 맞나요?

와 코코데 앗테마스까

はここで合(あ)ってますか。

2 다양한 상황에서 정도를 물을 때

대기 시간은 어느 정도인가요?

마치지캉와 도레구라이데스까

待ち時間(まちじかん)はどれぐらいですか。

ポイント Point

'~은/는 어느 정도인가요?'라는 뜻으로 놀이기구의 대기 시간이나 속도 등 다양한 상황에서 정도를 물을 때 활용할 수 있는 표현입니다.

① 운행 시간	② 속도	③ 높이
웅코-지캉 運行時間(うんこうじかん)	소쿠도 速度(そくど)	타카사 高さ(たかさ)

은/는 어느 정도인가요?

와 도레구라이데스까

はどれぐらいですか。

진짜 실전 롤플레잉

두근두근 놀이공원 입장 전 짐 검사!

나

입장줄은 여기가 맞나요?

뉴-죠-레츠와 코코데 앗테마스까

入場列(にゅうじょうれつ)はここで合(あ)ってますか。

직원1

네, 주머니 속에 무언가 들어있나요?

하이 도-조 포켓토노 나카 나니카 하잇테마스까

はい、どうぞ～ ポケットの中(なか)、何(なに)か入(はい)ってますか。

나

휴대전화만 있습니다.

케-타이다케데스

携帯(けいたい)だけです。

직원1

휴대전화는 잠시 이쪽에 넣어 주시고

케-타이와 춋토 코치라니 이레테이타다이테

携帯(けいたい)はちょっとこちらに入(い)れて頂(いただ)いて、

다시 한 번 지나가 주시겠어요?

모- 잇카이 토옷테이타다이테 요로시-데스까

もう一回(いっかい)、通(とお)っていただいてよろしいですか。

나

네.

하이

はい。

TIP

일본 놀이공원 짐 검사 시 유의사항!

음식물 반입 금지(간식, 이유식은 OK), 셀카봉이나 삼각대 반입 금지, 대형 캐리어 반입 금지

 이 대기줄은 뭐지? 재미있어 보이는데, 한번 기다려 볼까?

나

대기 시간은 어느 정도인가요?

마치지캉와 도레구라이데스까

待ち時間はどれぐらいですか。

20분 정도입니다.

니쥿풍호도니 나리마스

20分ほどになります。

직원2

돌발상황 입장 전 짐 검사할 때 다른 물건은 없는지 묻는 직원!

직원1

다른 건 없으신가요?

호카 하잇테마셍까

他、入ってませんか。

나

네, 없어요.

하이 나이데스

はい、ないです。

실전 시뮬레이션 영상

입장 전 짐 검사에 응하고, 대기 시간을 확인할 수 있는지 실전 시뮬레이션 영상을 통해 테스트해 볼까요?

일본의 신사, 제대로 알고 가자!

신령을 모시는 신사에 방문할 때는 단정한 복장을 입는 것이 좋으며, 사진 찍는 삼각대 및 셀피스틱 사용 금지, 음식 반입 금지 등의 규율을 따라야 합니다.
우선 신사의 입구에는 도리이(鳥居)가 있습니다. 도리이는 일반 세계와 신의 공간을 구분하는 경계, 문 역할을 합니다. 신사에 들어갈 때 도리이 앞에 서서 고개를 숙입니다.

① 몸과 마음을 정갈하게! 데미즈야 手水舎

① 왼손→오른손의 순서로 손을 씻습니다.
② 왼손으로 물을 떠서 입을 헹군 후 뱉습니다.
③ 왼손에 다시 물을 부어 씻어줍니다.
④ 마지막으로 양손으로 국자를 들고 손잡이 부분에 물을 부어 씻어냅니다.

② 행운을 가져다 주는 부적! 오마모리 お守り

건강, 학업, 재물, 사랑 등의 소망을 담은 오마모리는 행운을 가져다 주는 부적의 일종으로 수호나 액땜의 의미를 가집니다. 자신을 위해 구매하기도 하고 주변 사람들에게 선물하기에도 좋습니다.

③ 운세를 점치는 제비뽑기! 오미쿠지 おみくじ

운이 좋은 순서대로 '대길(大吉)', '길(吉)', '중길(中吉)', '소길(小吉)', '말길(末吉)', '흉(凶)'으로 구분됩니다. 만약 좋지 않은 내용이 나왔을 때는 근처에 마련되어 있는 줄이나 나뭇가지에 종이를 묶어 두고 오기도 합니다.

일본의 대표 랜드마크 TOP4

伏見稲荷神社(ふしみいなりじんじゃ)

후시미이나리신사

붉은 도리이의 향연 '여우신사'

교토에 위치하며 산길을 따라 한없이 길게 이어진 붉은 센본도리이(千本鳥居(せんぼんとりい))로 유명합니다. 입장료가 없고, 24시간 개방되어 있습니다.

東京(とうきょう)タワー

도쿄타워

명실상부 도쿄의 대표 랜드마크

333m 높이의 탑에 빨간색과 흰색이 번갈아 칠해져 있습니다. 저녁 시간에 전망대에 올라가면 아름다운 도쿄 시내 야경을 한 눈에 내려다 볼 수 있습니다.

道頓堀(どうとんぼり)

도톤보리

글리코상으로 유명한 오사카 대표 관광지

오락시설과 다양한 먹거리가 가득한 곳! 글리코의 마라토너 간판(일명 글리코상)이 대표적이며, 리버크루즈를 타고 주변 경치를 구경할 수 있습니다.

金閣寺(きんかくじ)

금각사

일본에서 가장 유명한 황금 누각의 사찰

1397년에 지어진 교토의 사찰로, 건물 안과 밖에 금박이 입혀져 있습니다. 정식 명칭은 로쿠온지. 건물이 연못에 비치는 풍경이 아름답습니다.

진짜 필수 표현

관광지에서

① 예약해야 되나요?	**요야쿠시나케레바 이케마셍까** 予約しなければいけませんか。
② 매표소는 어디예요?	**치켓토우리바와 도코데스까** チケット売り場はどこですか。
③ 성인 2장 주세요.	**오토나 니마이 쿠다사이** 大人2枚ください。
④ 다음은 몇 시예요?	**츠기와 난지데스까** 次は、何時ですか。
⑤ 표를 환불할 수 있나요?	**치켓토오 하라이모도시 데키마스까** チケットを払い戻しできますか。
⑥ 투어 시간은 얼마나 걸려요?	**츠아-노지캉와 도노쿠라이 카카리마스까** ツアーの時間は、どのくらいかかりますか。
⑦ 사진을 찍어주실 수 있나요?	**샤싱오 톳테모라에마스까** 写真を撮ってもらえますか。

⑧ 개장(폐장)시간은 몇 시예요?

카이엥(헤-엥)지캉와 난지데스까

開園(閉園)時間は、何時ですか。

⑨ 전망대는 몇 시까지 이용할 수 있나요?

템보-다이와 난지마데 리요-데키마스까

展望台は、何時まで利用できますか。

⑩ 인터넷으로 사전 예약을 했어요.

넷토데 지젠요야쿠오 시마시타

ネットで事前予約をしました。

⑪ 음식물을 가지고 들어갈 수 있나요?

인쇼쿠부츠노 모치코미와데키마스까

飲食物の持ち込みはできますか。

⑫ 재입장이 가능하나요?

사이뉴-죠-가 데키마스까

再入場ができますか。

⑬ 짐을 맡길 수 있는 곳이 있나요?

니모츠오 아즈케라레루 토코로가 아리마스까

荷物を預けられるところがありますか。

⑭ 셔틀버스는 어디서 탈 수 있나요?

샤토루바스와 도코데 노레마스까

シャトルバスはどこで乗れますか。

⑥ 귀국까지 완벽하게!

사라진 신용카드를 찾아서…

진짜 현지 단어

TRACK 19-1

siwonschool

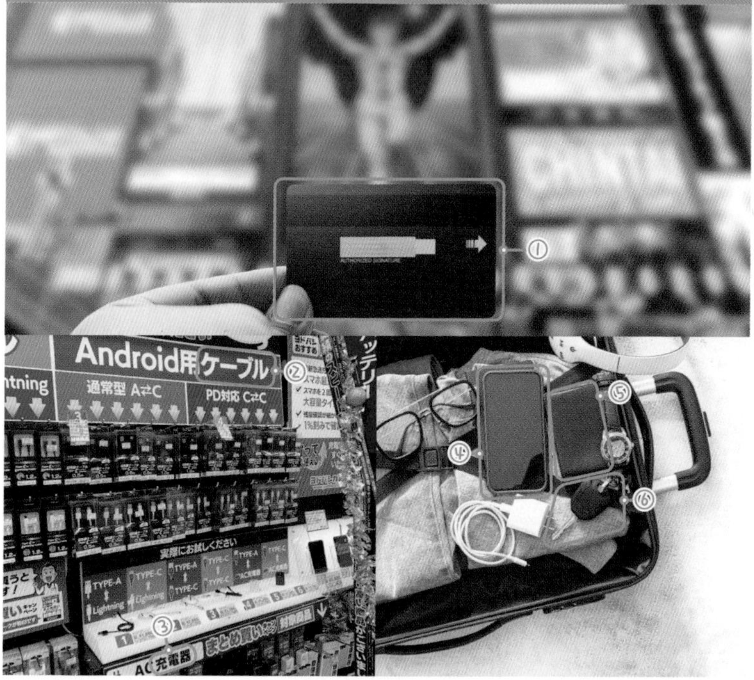

좋아요 321개

① クレジットカード 쿠레짓토카-도: 신용카드

② ケーブル 케-부루: 케이블

③ 充電器(じゅうでんき) 쥬-뎅키: 충전기

④ 携帯(けいたい) 케-타이: 휴대전화

⑤ 財布(さいふ) 사이후: 지갑

⑥ 鍵(かぎ) 카기: 열쇠

⑦ コインロッカー 코인록카-: 코인 로커
⑧ 窓口(まどぐち) 마도구치: 창구
⑨ 救急(きゅうきゅう) 큐-큐-: 구급
⑩ 警察(けいさつ) 케-사츠: 경찰
⑪ 防犯(ぼうはん)カメラ 보-항카메라: 방범 카메라
⑫ 作動(さどう) 사도-: 작동

진짜 만능 패턴

TRACK 19-2

1 추측하는 상황을 말할 때

신용카드를 잃어버린 것 같아요.

쿠레짓토카-도오 나쿠시타 미타이데스

クレジットカードを失(な)くしたみたいです。

ポイント Point

'~인 것 같아요'라는 뜻으로 확실하지 않은 상황을 추측하며 말할 때 쓸 수 있는 표현입니다. 물건을 잃어버린 상황에 대해 설명할 때 유용하게 쓸 수 있습니다.

① 휴대전화를 잃어버리다

케-타이오 나쿠시

携帯(けいたい)を失(な)くし

② 여권을 분실하다

파스포-토오 훈시츠시

パスポートを紛失(ふんしつ)し

③ 가방을 두고 오다

카방오 오키와스레

かばんを置(お)き忘(わす)れ

인 것 같아요.

타 미타이데스

たみたいです。

패턴 말하기 트레이닝

2 잃어버린 시점을 나타낼 때

30분 정도 전에 잃어버렸어요.

산쥽풍구라이 마에니 나쿠시마시타

30 分(ぷん)ぐらい前(まえ)になくしました。

ポイント Point

'~전에 잃어버렸어요'라는 뜻으로 분실 시점을 설명할 때 활용할 수 있습니다. 문장 앞에는 구체적인 시간대를 말하거나 어떤 행동을 한 시점을 말할 수 있습니다.

① 몇 시간	② 이틀	③ 환승하다
스-지칸	**후츠카**	**노리카에루**
数時間(すうじかん)	二日(ふつか)	乗(の)り換(か)える

전에 잃어버렸어요.

마에니 나쿠시마시타

前(まえ)になくしました。

진짜 실전 롤플레잉

TRACK 19-3

 어떡하지?! 신용카드를 잃어버렸어...!

나

저기요, 여기서 신용카드를 잃어버린 것 같아요.

스이마셍 코코데 쿠레짓토카-도오 나쿠시타 미타이데스

すいません、ここでクレジットカードを失くしたみたいです。

직원

확인해 드릴게요. 언제 잃어버리셨나요?

카쿠닝이타시마스 이츠데쇼-까

確認いたします、いつでしょうか。

나

30분 정도 전에 잃어버렸어요.

산쥿풍구라이 마에니 나쿠시마시타

30分ぐらい前に失くしました。

직원

어디서 잃어버렸는지 기억하시나요?

도코데 나쿠시타노까 오보에테마스까

どこで失くしたのか覚えてますか。

나

전철 안에서 잃어버린 것 같아요.

덴샤노 나카데 나쿠시타미타이데스

電車の中で失くしたみたいです。

일단 분실물 신고를 해야겠다!

직원

잠시만 기다려 주세요. 분실물 신고하시겠어요?

스코시 오마치쿠다사이 토도케데 다사레마스까

少(すこ)しお待(ま)ちください。届(とど)け出(で)、出(だ)されますか。

네, 부탁드립니다.

하이 오네가이시마스

はい、お願(ねが)いします。

나

돌발상황 들어온 분실물이 없다니…!

직원

이쪽에는 들어온 물건이 없네요.

코치라노 호-니와 토도이테이나인데스

こちらの方(ほう)には届(とど)いていないんです。

나

혹시 (물건이) 들어오면 연락 부탁드립니다.

모시 토도이타라 렌라쿠 오네가이시마스

もし届(とど)いたら連絡(れんらく)お願(ねが)いします。

실전 시뮬레이션 영상

소지품을 잃어버렸을 때 분실물 신고를 할 수 있는지 실전 시뮬레이션 영상을 통해 테스트해 볼까요?

UNIT 20 아쉽지만 또 만나, 일본!

진짜 현지 단어

TRACK 20-1

siwonschool

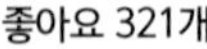

좋아요 321개

① 空港(くうこう) 쿠-코-: 공항	② 案内(あんない) 안나이: 안내
③ 駐車禁止(ちゅうしゃきんし) 츄-샤킨시: 주차 금지	④ 免税店(めんぜいてん) 멘제-텡: 면세점

siwonschool

좋아요 321개

⑤ 東京(とうきょう)ばな奈(な) 토-쿄-바나나: 도쿄바나나(일본 기념품의 스테디셀러 바나나빵)

⑥ 白(しろ)い恋人(こいびと) 시로이코이비토: 시로이코이비토('하얀 연인'이란 뜻의 초콜릿 과자)

⑦ 銀座(ぎんざ) 긴자: 긴자(도쿄에 위치한 번화가)

⑧ いちごケーキ 이치고케-키: 딸기 케이크

⑨ クリーム 쿠리-무: 크림

⑩ ふわふわ 후와후와: 폭신폭신

⑪ ソウル 소우루: 서울

진짜 만능 패턴

1 목적지까지 가는 방법을 물을 때

제2터미널은 어떻게 가면 되나요?

다이니타-미나루니와 도-얏테 이케바 이이데스까

第二(だいに)ターミナルにはどうやって行(い)けばいいですか。

ポイント Point

'~은/는 어떻게 가면 되나요?'라는 뜻으로 목적지까지 가는 방법을 구체적으로 물을 때 쓰는 표현입니다.

① 면세점	② 3번 탑승구	③ C게이트
멘제-텐	삼방 토-죠-구치	씨 게-토
免税店(めんぜいてん)	3番搭乗口(ばんとうじょうぐち)	Cゲート

은/는 어떻게 가면 되나요?

니와 도-얏테 이케바 이이데스까

にはどうやって行(い)けばいいですか。

2 버스 종류를 물을 때

무료 버스인가요?

무료-노 바스데스까

無料(むりょう)のバスですか。

ポイント Point

'~버스인가요?'라는 뜻으로 버스 정보를 묻는 표현입니다. 주로 귀국할 때 공항 버스가 유료 혹은 무료인지, 모든 터미널을 순환하는 버스인지 등을 물어볼 수 있습니다.

① 유료	② 순환	③ 직통
유-료-노	쥰칸	쵸쿠츠-
有料(ゆうりょう)の	循環(じゅんかん)	直通(ちょくつう)

버스인가요?

바스데스까

バスですか。

진짜 실전 롤플레잉

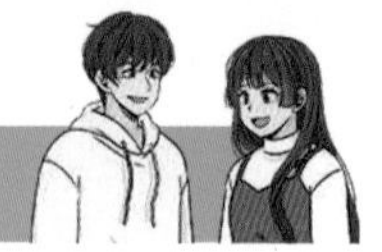

즐거웠던 일본 여행을 마치고 이제 한국으로 Go~!

나

저기요, 제2터미널은 어떻게 가면 되나요?

스미마셍 다이니타-미나루니와 도-얏테이케바 이이데스까

すみません、第二(だいに)ターミナルには どうやって 行(い)けばいいですか。

버스로 이동하셔야 하는데요,

바스데 고이도-가 히츠요-니 나룬데스케레도모

バスでご移動(いどう)が必要(ひつよう)になるんですけれども、

2층 맨 끝에 있습니다.

니카이노 츠키아타리니 아리마스

二階(にかい)の突(つ)き当(あた)りに あります。

직원1

나

무료 버스인가요? 어느 정도 걸리나요?

무료-노 바스데스까 도레구라이 카카리마스까

無料(むりょう)のバスですか。どれぐらいかかりますか。

네. 시간은 7분 정도 소요됩니다.

하이 오지캉와 나나훙구라이 카카리마스

はい、お時間(じかん)は7分(ふん)ぐらいかかります。

직원1

나

알겠습니다. 감사합니다.

와카리마시타 아리가토-고자이마스

分(わ)かりました。ありがとうございます。

무사히 탑승 수속까지 완료!

직원2

10시 50분까지 3번 탑승구로 와 주세요.

쥬-지 고즌푼마데니 삼방 토-죠-구치마데 오코시쿠다사이

10時(じ)50分(ぷん)までに3番搭乗口(ばんとうじょうぐち)までお越(こ)しください。

감사합니다.

아리가토-고자이마스

ありがとうございます。

나

연착되고 있는 비행기… 무사히 돌아갈 수 있겠지?

직원2

지금 비행기가 연착되고 있습니다.

타다이마 히코-키가 엔챠쿠시테오리마스

只今(ただいま)、飛行機(ひこうき)が延着(えんちゃく)しております。

나

언제 출발할 수 있나요?

이츠 슛파츠데키마스까

いつ出発(しゅっぱつ)できますか。

실전 시뮬레이션 영상

귀국할 때 겪을 수 있는 상황을 실전 시뮬레이션 영상을 통해 테스트해 볼까요?

긴급 상황 대처법

여권을 잃어버렸을 때

STEP 1 소지품이나 방문했던 곳에서 찾지 못했다면 우선 경찰서로 가서 분실신고!

STEP 2 분실신고 접수증을 가지고 대한민국 영사관(혹은 대사관 영사부)에 방문!

STEP 3 긴급 여권을 신청하여 발급받기!

기타 소지품을 잃어버렸을 때

STEP 1 잃어버린 장소 관련 고객센터에 방문해 보기!

STEP 2 찾지 못했다면 파출소나 경찰서로 가서 습득된 지갑이 있는지 확인하고, 없으면 분실신고(이때, 연락 가능한 일본 내 연락처가 필요하기 때문에 자신이 묵는 숙소 연락처 혹은 일본 내 지인 번호 등을 남깁니다.)

STEP 3 지갑을 찾았다는 연락이 오면, 관련 서류를 작성하고 지갑 돌려받기!

遺失届出書 분실신고서 *영어로 작성 가능		
遺失者 분실자	住所 주소	주소는 일본 내 주소 기재 (투숙하는 숙소 주소 등)
	氏名 이름	
	連絡先 연락처	
遺失日時 분실 일시		물건 소지를 확인했던 마지막 시점부터 분실한 것을 알아챈 시점까지 기재
遺失場所 분실 장소		분실한 것으로 생각되는 시간동안 지나왔던 장소, 이용한 교통수단 등을 구체적으로 기재
物件 물건	現金・内訳 현금・내역	분실한 금액 및 지폐 종류 기재
	物品 물품	물건의 이름과 특징, 색상 등을 구체적으로 기재

TIP 분실신고서를 제출하고 받은 분실신고 접수증은 잘 소지하기!

지진 발생 시 대피 요령

STEP 1 즉시 몸을 지키는 것이 최우선!

STEP 2 당황하면 패닉에 빠질 수 있으니 침착함을 유지하기!

STEP 3 엘리베이터나 차량 이용 금지. 도보로 이동하는 것이 원칙!

장소에 따른 행동 요령

실내에 있는 경우

- 테이블 밑 등 몸을 숨길 수 있는 곳으로 들어가 몸을 보호한다.
- 숨기에 적당한 장소가 없을 경우 베개, 쿠션 등으로 머리를 감싸 보호한다.
- 흔들림이 멎을 때까지 움직이지 않고 상황을 지켜본다.
- 지진으로 인해 구조가 틀어져 문이 열리지 않을 수 있다. 문이나 창문을 열어 두어 대피로를 확보한다.
- 쇼핑몰, 마트 등에 있을 때는 땅이 흔들리면서 진열대가 넘어지고 유리가 깨져 다칠 수 있으므로 주의한다.
- 섣불리 움직이는 것은 금물. TV나 라디오 방송으로 정보를 얻고, 피난 시에는 해당 건물에 대해 잘 알고 있는 관리자의 지시에 따르는 것이 안전하다.

실외에 있는 경우

- 가지고 있는 짐 등으로 머리를 감싸 보호하며 광장(근처 공원, 학교 운동장 등)으로 이동한다.
- 지진으로 인해 간판, 유리 등이 떨어질 수 있으니 부상에 주의한다.
- 자판기가 많고 다양한 일본. 지진 발생시에는 길 위의 자판기가 넘어질 수 있으니 주의한다.

해안가에 있을 경우

- 자신이 해안가에 있다면 즉시 그곳을 벗어나 근처의 높은 건물이나 지정된 피난 장소로 대피한다.

진짜 필수 표현

위급상황

① 도와주세요.

타스케테 쿠다사이

助(たす)けてください。

② 가까운 병원은 어디예요?

이치방 치카이 뵤-잉와 도코데스까

一番近(いちばんちか)い病院(びょういん)は、どこですか。

③ 경찰을 불러주세요.

케-사츠오 욘데쿠다사이

警察(けいさつ)を呼(よ)んでください。

④ 여권을 잃어버렸어요.

파스포-토오 나쿠시마시타

パスポートを失(な)くしました。

⑤ 분실물은 어디서 찾으면 되죠?

오토시모노와 도코데 사가세바 이이데스까

落(お)とし物(もの)は、どこで探(さが)せばいいですか。

⑥ 두통약 있나요?

즈츠-야쿠 아리마스까

頭痛薬(ずつうやく)ありますか。

⑦ 배탈이 났어요.

오나카오 코와시마시타

お腹(なか)を壊(こわ)しました。

⑧ 속이 안 좋아요.

키붕가 와루이데스
気分(きぶん)が悪(わる)いです。

⑨ 다쳤어요.

케가오 시마시타
怪我(けが)をしました。

귀국

⑩ 터미널까지 어떻게 가나요?

타-미나루마데 도-얏테이케마스까
ターミナルまでどうやって行(い)けますか。

⑪ 공항 버스를 타고 싶습니다.

쿠-코-바스니 노리타이데스
空港(くうこう)バスに乗(の)りたいです。

⑫ 면세점은 어디에 있나요?

멘제-텡와 도코니 아리마스까
免税店(めんぜいてん)はどこにありますか。

⑬ 포인트 사용 가능할까요?

포인토 츠카에마스까
ポイント使(つか)えますか。

⑭ 엔화로 결제할게요.

니홍엔데 시하라이마스
日本円(にほんえん)で支払(しはら)います。

일본 여행 가기 전 가장 마지막 단계!

<진짜 여행 일본어>만의 알찬 부록으로

여러분만의 일본 여행을 완벽하게 준비해 보세요!

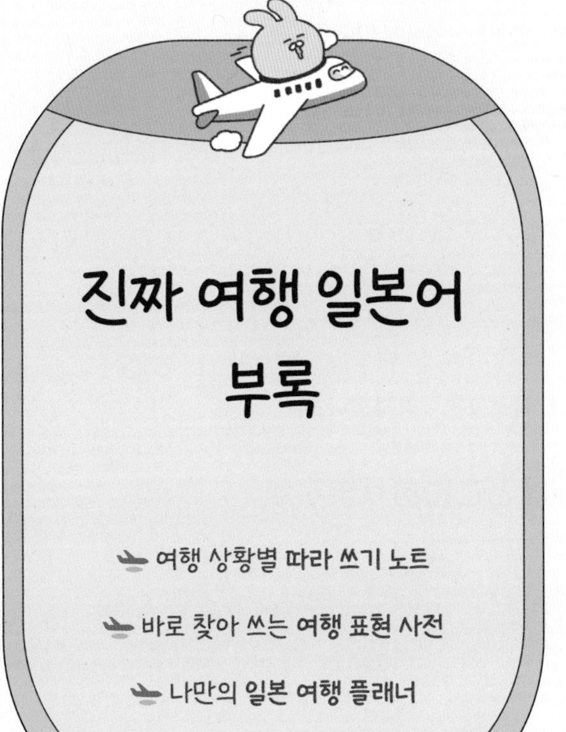

진짜 여행 일본어
부록

- 여행 상황별 따라 쓰기 노트
- 바로 찾아 쓰는 여행 표현 사전
- 나만의 일본 여행 플래너

여행 상황별 따라 쓰기 노트

상황 1 안내소는 어디에 있나요?

あんないじょ
案内所はどこにありますか。

안나이죠와 도코니 아리마스까

あんないじょ
案内所はどこにありますか。

상황 2 화장실은 어디에 있나요?

トイレはどこにありますか。

토이레와 도코니 아리마스까

トイレはどこにありますか。

상황 3 택시 승강장은 어디에 있나요?

の　ば
タクシー乗り場はどこにありますか。

타쿠시-노리바와 도코니 아리마스까

の　ば
タクシー乗り場はどこにありますか。

상황 1 원(₩)으로 환전할 수 있나요?

ウォンに両替(りょうがえ)できますか。

원니 료-가에 데키마스까

ウォンに両替(りょうがえ)できますか。

상황 2 달러($)로 환전할 수 있나요?

ドルに両替(りょうがえ)できますか。

도루니 료-가에 데키마스까

ドルに両替(りょうがえ)できますか。

상황 3 1만 엔으로 환전할 수 있나요?

一万円(いちまんえん)に両替(りょうがえ)できますか。

이미창엔니 료-가에 데키마스까

一万円(いちまんえん)に両替(りょうがえ)できますか。

상황 1 긴자역까지 가 주세요.

銀座駅(ぎんざえき)まで行(い)ってください。

긴자에키마데 잇테 쿠다사이

銀座駅(ぎんざえき)まで行(い)ってください。

상황 2 쓰텐카쿠까지 가 주세요.

通天閣(つうてんかく)まで行(い)ってください。

츠-텐카쿠마데 잇테 쿠다사이

通天閣(つうてんかく)まで行(い)ってください。

상황 3 금각사까지 가 주세요.

金閣寺(きんかくじ)まで行(い)ってください。

킹카쿠지마데 잇테 쿠다사이

金閣寺(きんかくじ)まで行(い)ってください。

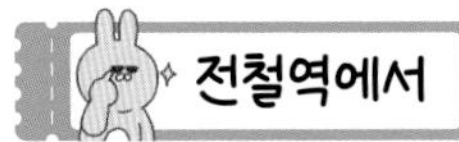

상황 1 오사카역에서 갈아타면 되나요?

おおさかえき　の　か
大阪駅で乗り換えたらいいですか。

오-사카에키데 노리카에 타라 이이데스까

おおさかえき　の　か
大阪駅で乗り換えたらいいですか。

상황 2 다음 역에서 갈아타면 되나요?

つぎ　えき　の　か
次の駅で乗り換えたらいいですか。

츠기노 에키데 노리카에 타라 이이데스까

つぎ　えき　の　か
次の駅で乗り換えたらいいですか。

상황 3 몇 호선에서 갈아타면 되나요?

なんばんせん　の　か
何番線で乗り換えたらいいですか。

남반센데 노리카에 타라 이이데스까

なんばんせん　の　か
何番線で乗り換えたらいいですか。

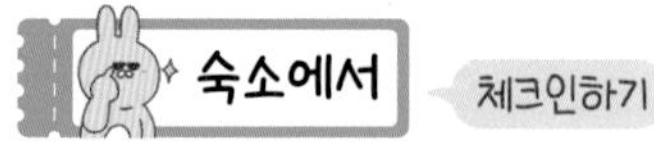

상황 1 예약한 박이라고 합니다.

予約(よやく)したパクと言(い)います。

요야쿠시타 파쿠토 이이마스

予約(よやく)したパクと言(い)います。

상황 2 예약한 요시다라고 합니다.

予約(よやく)した吉田(よしだ)と言(い)います。

요야쿠시타 요시다토 이이마스

予約(よやく)した吉田(よしだ)と言(い)います。

상황 3 예약한 (본인 이름)이라고 합니다.

予約(よやく)した〇〇〇と言(い)います。

요야쿠시타 〇〇〇토 이이마스

予約(よやく)した〇〇〇と言(い)います。

서비스 요청하기

상황 1 체크아웃 부탁드려요.

ねが
チェックアウトお願いします。

첵쿠아우토 오네가이시마스

ねが
チェックアウトお願いします。

상황 2 송영 부탁드려요.

そうげい　ねが
送迎お願いします。

소-게- 오네가이시마스

そうげい　ねが
送迎お願いします。

상황 3 타올 부탁드려요.

ねが
タオルお願いします。

타오루 오네가이시마스

ねが
タオルお願いします。

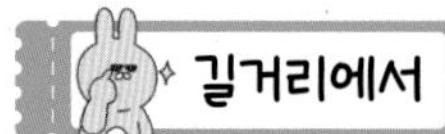

음식 가격 묻기

상황 1 이거 얼마인가요?

これいくらですか。

코레 이쿠라데스까

これいくらですか。

상황 2 세 개에 얼마인가요?

三(みっ)つでいくらですか。

밋츠데 이쿠라데스까

三(みっ)つでいくらですか。

상황 3 낱개로 얼마인가요?

ばらでいくらですか。

바라데 이쿠라데스까

ばらでいくらですか。

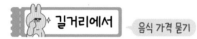

음식 추가로 주문하기

상황 1 야키소바 두 개 추가로 주세요.

焼きそば二つ追加でお願いします。

야키소바 후타츠 츠이카데 오네가이시마스

焼きそば二つ追加でお願いします。

상황 2 타코야키 세트 추가로 주세요.

たこ焼きセット追加でお願いします。

타코야키 셋토 츠이카데 오네가이시마스

たこ焼きセット追加でお願いします。

상황 3 커피도 추가로 주세요.

コーヒーも追加でお願いします。

코-히-모 츠이카데 오네가이시마스

コーヒーも追加でお願いします。

가능 여부 묻기

상황 1 주문(해도) 될까요?

注文(ちゅうもん)いいですか。

츄-몽 이이데스까

注文(ちゅうもん)いいですか。

상황 2 카드로 (결제해도) 될까요?

カードでいいですか。

카-도데 이이데스까

カードでいいですか。

상황 3 추가(해도) 될까요?

追加(ついか)でいいですか。

츠이카데 이이데스까

追加(ついか)でいいですか。

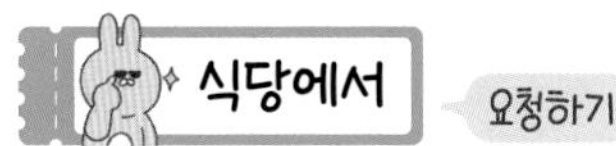

상황 1 맥주 한 잔 주세요.

ビール一(ひと)つください。

비-루 히토츠 쿠다사이

ビール一(ひと)つください。

상황 2 티슈 주세요.

ティッシュください。

팃슈 쿠다사이

ティッシュください。

상황 3 차슈 토핑 넣어서 주세요.

チャーシュートッピングでください。

챠-슈- 톱핑구데 쿠다사이

チャーシュートッピングでください。

원하는 자리 찾기

상황 1 금연석 있나요?

禁煙席(きんえんせき)ありますか。

킹엔세키 아리마스까

禁煙席(きんえんせき)ありますか。

상황 2 테이블석 있나요?

テーブル席(せき)ありますか。

테-브루 세키 아리마스까

テーブル席(せき)ありますか。

상황 3 창가석 있나요?

窓側(まどがわ)の席(せき)ありますか。

마도가와노 세키 아리마스까

窓側(まどがわ)の席(せき)ありますか。

못 먹는 재료 말하기

상황 1 달걀 빼고 주세요.

たまご抜(ぬ)きでお願(ねが)いします。

타마고 누키데 오네가이시마스

たまご抜(ぬ)きでお願(ねが)いします。

상황 2 오이 빼고 주세요.

キュウリ抜(ぬ)きでお願(ねが)いします。

큐-리 누키데 오네가이시마스

キュウリ抜(ぬ)きでお願(ねが)いします。

상황 3 조개류 빼고 주세요.

貝類(かいるい)抜(ぬ)きでお願(ねが)いします。

카이루이 누키데 오네가이시마스

貝類(かいるい)抜(ぬ)きでお願(ねが)いします。

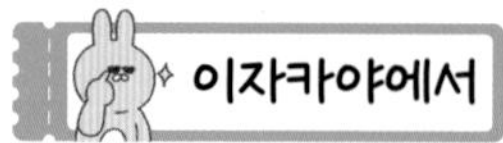

메뉴 추천 받기

상황 1 닭꼬치 추천해 주세요.

焼き鳥おすすめしてください。

야키토리 오스스메 시테 쿠다사이

焼き鳥おすすめしてください。

상황 2 인기 메뉴 추천해 주세요.

人気メニューおすすめしてください。

닝키 메뉴- 오스스메 시테 쿠다사이

人気メニューおすすめしてください。

상황 3 음료 추천해 주세요.

飲み物おすすめしてください。

노미모노 오스스메 시테 쿠다사이

飲み物おすすめしてください。

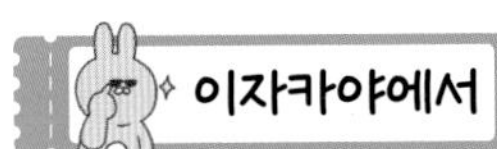

요청할 때

상황 1 물수건 받을 수 있을까요?

おしぼりいただけますか。

오시보리 이타다케마스까

おしぼりいただけますか。

상황 2 앞접시 받을 수 있을까요?

取(と)り皿(ざら)いただけますか。

토리자라 이타다케마스까

取(と)り皿(ざら)いただけますか。

상황 3 따뜻한 물 받을 수 있을까요?

お湯(ゆ)いただけますか。

오유 이타다케마스까

お湯(ゆ)いただけますか。

원하는 스타일대로 주문하기

상황 1 우유 많게 가능한가요?

ミルク多(おお)めにできますか。

미루쿠 오오메니 데키마스까

ミルク多(おお)めにできますか。

상황 2 디카페인으로 가능한가요?

デカフェにできますか。

데카훼니 데키마스까

デカフェにできますか。

상황 3 저지방(우유)으로 가능한가요?

低脂肪(ていしぼう)(牛乳(ぎゅうにゅう))にできますか。

테-시보-(규-뉴-)니 데키마스까

低脂肪(ていしぼう)(牛乳(ぎゅうにゅう))にできますか。

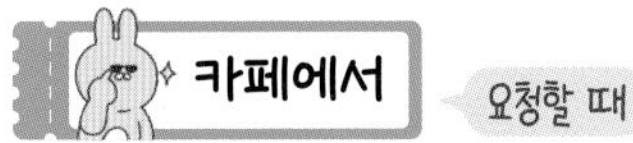

요청할 때

상황 1 큰 사이즈로 주실 수 있을까요?

大(おお)きいサイズ頂(いただ)いてもいいですか。

오-키-사이즈 이타다이테모 이이데스까

大(おお)きいサイズ頂(いただ)いてもいいですか。

상황 2 스틱 주실 수 있을까요?

マドラー頂(いただ)いてもいいですか。

마도라- 이타다이테모 이이데스까

マドラー頂(いただ)いてもいいですか。

상황 3 조각 케이크도 주실 수 있을까요?

ショートケーキも頂(いただ)いてもいいですか。

쇼-토케-키모 이타다이테모 이이데스까

ショートケーキも頂(いただ)いてもいいですか。

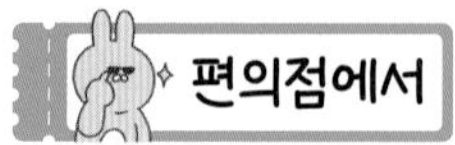

서비스 요청하기

상황 1 충전해 주실 수 있나요?

チャージしてもらえますか。

차–지시테 모라에마스까

チャージしてもらえますか。

상황 2 봉투에 담아 주실 수 있나요?

袋(ふくろ)に入(い)れてもらえますか。

후쿠로니 이레테 모라에마스까

袋(ふくろ)に入(い)れてもらえますか。

상황 3 상품을 찾아 주실 수 있나요?

商品(しょうひん)を探(さが)してもらえますか。

쇼–힝오 사가시테 모라에마스까

商品(しょうひん)を探(さが)してもらえますか。

기기 작동 방법을 물을 때

상황 1 ATM(자동화기기) 어떻게 사용하나요?

ATMどうやって使(つか)いますか。

에-티-에므 도-얏테 츠카이마스까

ATMどうやって使(つか)いますか。

상황 2 커피머신 어떻게 사용하나요?

コーヒーマシンどうやって使(つか)いますか。

코-히-마신 도-얏테 츠카이마스까

コーヒーマシンどうやって使(つか)いますか。

상황 3 키오스크 단말기 어떻게 사용하나요?

キオスクの端末(たんまつ)どうやって使(つか)いますか。

키오스크노 탄마츠 도-얏테 츠카이마스까

キオスクの端末(たんまつ)どうやって使(つか)いますか。

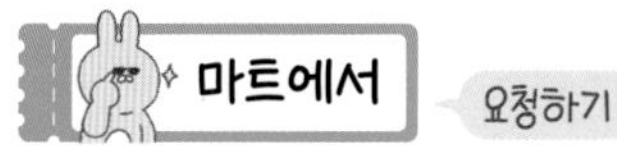

상황 1 젓가락 두 개 주시겠어요?

お箸(はし)二(ふた)つもらえますか。

오하시 후타츠 모라에마스까

お箸(はし)二(ふた)つもらえますか。

상황 2 소스 세 개 주시겠어요?

ソース三(みっ)つもらえますか。

소-스 밋츠 모라에마스까

ソース三(みっ)つもらえますか。

상황 3 스푼 하나 주시겠어요?

スプーン一(ひと)つもらえますか。

스푸웅 히토츠 모라에마스까

スプーン一(ひと)つもらえますか。

원하는 것 말하기

상황 1 시식하고 싶어요.

試食(ししょく)したいんですけど。

시쇼쿠 시타인데스케도

試食(ししょく)したいんですけど。

상황 2 쿠폰 사용하고 싶어요.

クーポン使用(しよう)したいんですけど。

쿠-폰시요- 시타인데스케도

クーポン使用(しよう)したいんですけど。

상황 3 반품하고 싶어요.

返品(へんぴん)したいんですけど。

헴핑 시타인데스케도

返品(へんぴん)したいんですけど。

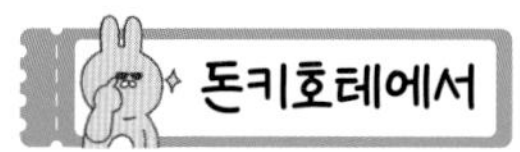

상품 위치 묻기

상황 1 식품 코너 어디에 있는지 아시나요?

食品(しょくひん)コーナーどこにあるか分(わ)かりますか。

쇼쿠힝 코-나- 도코니 아루까 와카리마스까

食品(しょくひん)コーナーどこにあるか分(わ)かりますか。

상황 2 헤어 제품 어디에 있는지 아시나요?

ヘア製品(せいひん)どこにあるか分(わ)かりますか。

헤아세-힝 도코니 아루까 와카리마스까

ヘア製品(せいひん)どこにあるか分(わ)かりますか。

상황 3 의약품 어디에 있는지 아시나요?

医薬品(いやくひん)どこにあるか分(わ)かりますか。

이야쿠힝 도코니 아루까 와카리마스까

医薬品(いやくひん)どこにあるか分(わ)かりますか。

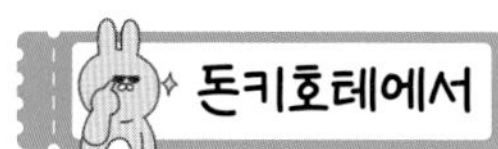

계산 시 요청하기

상황 1 포장 따로 할 수 있나요?

ほうそうべつべつ
包装別々にできますか。

호–소– 베츠베츠니 데키마스까

ほうそうべつべつ
包装別々にできますか。

상황 2 술은 따로 할 수 있나요?

さけ　べつべつ
お酒は別々にできますか。

오사케와 베츠베츠니 데키마스까

さけ　べつべつ
お酒は別々にできますか。

상황 3 몇 개만 따로 할 수 있나요?

べつべつ
いくつかだけ別々にできますか。

이쿠츠카 다케 베츠베츠니 데키마스까

べつべつ
いくつかだけ別々にできますか。

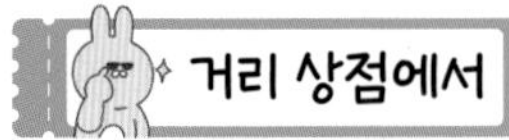

계산 방식 묻기

상황 1 IC 카드는 쓸 수 있나요?

ICカードは使(つか)えますか。

아이씨– 카–도와 츠카에마스까

ICカードは使(つか)えますか。

상황 2 QR 코드는 쓸 수 있나요?

QRコードは使(つか)えますか。

큐–아루코–도와 츠카에마스까

QRコードは使(つか)えますか。

상황 3 할인권은 쓸 수 있나요?

割引券(わりびきけん)は使(つか)えますか。

와리비키켕와 츠카에마스까

割引券(わりびきけん)は使(つか)えますか。

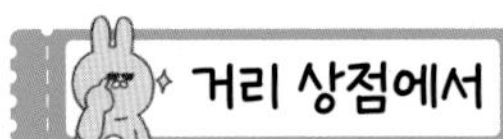

소요 시간 묻기

상황 1 10분 정도 걸리나요?

じゅっぷん
十分ぐらいかかりますか。

쥿풍 구라이 카카리마스까

じゅっぷん
十分ぐらいかかりますか。

상황 2 몇 분 걸리나요?

なんぷん
何分かかりますか。

남풍 카카리마스까

なんぷん
何分かかりますか。

상황 3 한참 걸리나요?

けっこう
結構かかりますか。

켁코- 카카리마스까

けっこう
結構かかりますか。

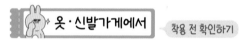

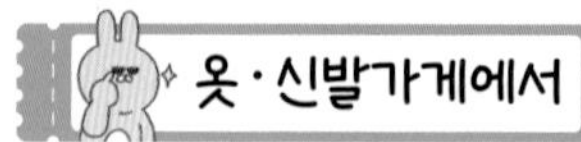

착용 전 확인하기

상황 1 (상의) 입어 봐도 되나요?

き
着てみてもいいですか。

키테 미테모 이이데스까

き
着てみてもいいですか。

상황 2 (하의/신발) 입어(신어) 봐도 되나요?

は
履いてみてもいいですか。

하이테 미테모 이이데스까

は
履いてみてもいいですか。

상황 3 (모자) 써 봐도 되나요?

かぶ
被ってみてもいいですか。

카붓테 미테모 이이데스까

かぶ
被ってみてもいいですか。

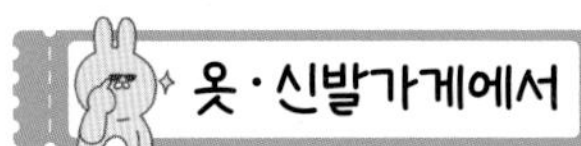

상품 재고 묻기

상황 1 S 사이즈는 남아있지 않나요?

Sサイズは残(のこ)っていないですか。

에스사이즈와 노콧테 이나이데스까

Sサイズは残(のこ)っていないですか。

상황 2 L 사이즈는 남아있지 않나요?

Lサイズは残(のこ)っていないですか。

에루사이즈와 노콧테 이나이데스까

Lサイズは残(のこ)っていないですか。

상황 3 다른 색깔은 남아있지 않나요?

違(ちが)うカラーは残(のこ)っていないですか。

치가우 카라-와 노콧테 이나이데스까

違(ちが)うカラーは残(のこ)っていないですか。

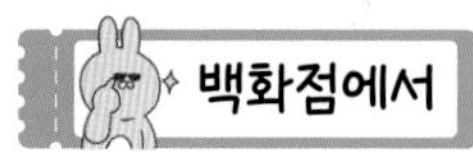

건물 층수 묻기

상황 1 숙녀복은 몇 층인가요?

婦人服(ふじんふく)は何階(なんかい)ですか。

후징후쿠와 난카이데스까

婦人服(ふじんふく)は何階(なんかい)ですか。

상황 2 스포츠숍은 몇 층인가요?

スポーツショップは何階(なんかい)ですか。

스포-츠숍뿌와 난카이데스까

スポーツショップは何階(なんかい)ですか。

상황 3 식당가는 몇 층인가요?

レストラン街(がい)は何階(なんかい)ですか。

레스토랑가이와 난카이데스까

レストラン街(がい)は何階(なんかい)ですか。

정중하게 서비스 요청하기

상황 1 안내해 주실 수 있을까요?

案内(あんない)してもらっていいですか。

안나이 시테모랏테 이이데스까

案内(あんない)してもらっていいですか。

상황 2 (선물) 포장해 주실 수 있을까요?

ラッピングしてもらっていいですか。

랍핑구 시테모랏테 이이데스까

ラッピングしてもらっていいですか。

상황 3 새 걸로 주실 수 있을까요?

新(あたら)しいものにしてもらっていいですか。

아타라시-모노니 시테모랏테 이이데스까

新(あたら)しいものにしてもらっていいですか。

상품 정보 묻기

상황 1 신상품은 어느 것인가요?

新商品(しんしょうひん)はどれですか。

신쇼-힝와 도레데스까

新商品(しんしょうひん)はどれですか。

상황 2 히트 상품은 어느 것인가요?

ヒット商品(しょうひん)はどれですか。

힛토 쇼-힝와 도레데스까

ヒット商品(しょうひん)はどれですか。

상황 3 세일 상품은 어느 것인가요?

セール商品(しょうひん)はどれですか。

세-루 쇼-힝와 도레데스까

セール商品(しょうひん)はどれですか。

또 다른 상품 묻기

상황 1 이 컬러 뿐인가요?

このカラーだけですか。

코노 카라– 다케데스까

このカラーだけですか。

상황 2 이 용량 뿐인가요?

この容量(ようりょう)だけですか。

코노 요–료– 다케데스까

この容量(ようりょう)だけですか。

상황 3 샘플 뿐인가요?

サンプルだけですか。

삼푸루 다케데스까

サンプルだけですか。

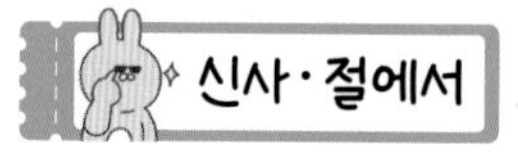

요청할 때

상황 1 동영상을 찍어 주실 수 있나요?

どうが　と
動画を撮っていただけますか。

도-가오톳테 이타다케마스까

どうが　と
動画を撮っていただけますか。

상황 2 도와주실 수 있나요?

て つだ
手伝っていただけますか。

테츠닷테 이타다케마스까

て つだ
手伝っていただけますか。

상황 3 길을 알려주실 수 있나요?

みち　おし
道を教えていただけますか。

미치오 오시에테 이타다케마스까

みち　おし
道を教えていただけますか。

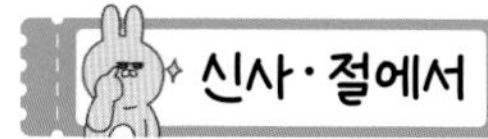

대기줄 물어볼 때

상황 1 이거 대기줄인가요?

これ待(ま)ちの列(れつ)ですか。

코레 마치노 레츠데스까

これ待(ま)ちの列(れつ)ですか。

상황 2 이거 체험줄인가요?

これ体験(たいけん)の列(れつ)ですか。

코레 타이켄노 레츠데스까

これ体験(たいけん)の列(れつ)ですか。

상황 3 이거 오미쿠지 줄인가요?

これおみくじの列(れつ)ですか。

코레 오미쿠지노 레츠데스까

これおみくじの列(れつ)ですか。

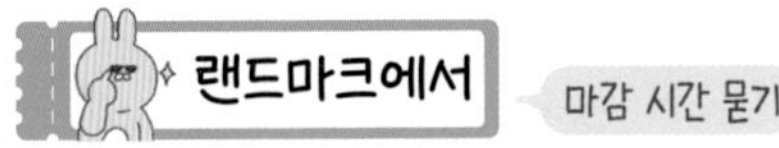

상황 1 영업 시간은 몇 시까지인가요?

えいぎょう じ かん　なん じ
営業時間は何時までですか。

에-교-지캉와 난지마데데스까

えいぎょう じ かん　なん じ
営業時間は何時までですか。

상황 2 입장은 몇 시까지인가요?

にゅうじょう　なん じ
入場は何時までですか。

뉴-죠-와 난지마데데스까

にゅうじょう　なん じ
入場は何時までですか。

상황 3 이 이벤트는 몇 시까지인가요?

なん じ
このイベントは何時までですか。

코노 이벤토와 난지마데데스까

なん じ
このイベントは何時までですか。

액티비티 종류 묻기

상황 1 스탬프 랠리는 어떤 것인가요?

スタンプラリーはどういうものですか。

스탐푸 라리-와 도-이우모노데스까

スタンプラリーはどういうものですか。

상황 2 스카이워크는 어떤 것인가요?

スカイウォークはどういうものですか。

스카이워-쿠와 도-이우모노데스까

スカイウォークはどういうものですか。

상황 3 워킹 투어는 어떤 것인가요?

ウォーキングツアーはどういうものですか。

워-킹구츠아-와 도-이우모노데스까

ウォーキングツアーはどういうものですか。

놀이공원에서

시설이나 줄 확인하기

상황 1 대기줄은 여기가 맞나요?

待(ま)ち列(れつ)はここで合(あ)ってますか。

마치 레츠와 코코데 앗테마스까

待(ま)ち列(れつ)はここで合(あ)ってますか。

상황 2 보관함은 여기가 맞나요?

ロッカーはここで合(あ)ってますか。

록카-와 코코데 앗테마스까

ロッカーはここで合(あ)ってますか。

상황 3 매표소는 여기가 맞나요?

チケット売(う)り場(ば)はここで合(あ)ってますか。

치켓토 우리바와 코코데 앗테마스까

チケット売(う)り場(ば)はここで合(あ)ってますか。

정도 묻기

상황 1 운행 시간은 어느 정도인가요?

うんこう じ かん
運行時間はどれぐらいですか。

웅코-지캉와 도레구라이데스까

うんこう じ かん
運行時間はどれぐらいですか。

상황 2 속도는 어느 정도인가요?

そく ど
速度はどれぐらいですか。

소쿠도와 도레구라이데스까

そく ど
速度はどれぐらいですか。

상황 3 높이는 어느 정도인가요?

たか
高さはどれぐらいですか。

타카사와 도레구라이데스까

たか
高さはどれぐらいですか。

상황 1 휴대전화를 잃어버린 것 같아요.

携帯(けいたい)を失(な)くしたみたいです。

케-타이오 나쿠시타 미타이데스

携帯(けいたい)を失(な)くしたみたいです。

상황 2 여권을 분실한 것 같아요.

パスポートを紛失(ふんしつ)したみたいです。

파스포-토오 훈시츠시타 미타이데스

パスポートを紛失(ふんしつ)したみたいです。

상황 3 가방을 두고 온 것 같아요.

かばんを置(お)き忘(わす)れたみたいです。

카방오 오키와스레타 미타이데스

かばんを置(お)き忘(わす)れたみたいです。

상황 1 몇 시간 전에 잃어버렸어요.

すうじかんまえ
数時間前になくしました。

스-지칸 마에니 나쿠시마시타

すうじかんまえ
数時間前になくしました。

상황 2 이틀 전에 잃어버렸어요.

ふつかまえ
二日前になくしました。

후츠카 마에니 나쿠시마시타

ふつかまえ
二日前になくしました。

상황 3 환승하기 전에 잃어버렸어요.

の か まえ
乗り換える前になくしました。

노리카에루 마에니 나쿠시마시타

の か まえ
乗り換える前になくしました。

상황 1 면세점은 어떻게 가면 되나요?

免税店(めんぜいてん)にはどうやって行(い)けばいいですか。

멘제-텐니와 도-얏테 이케바 이이데스까

免税店(めんぜいてん)にはどうやって行(い)けばいいですか。

상황 2 3번 탑승구는 어떻게 가면 되나요?

3番搭乗口(ばんとうじょうぐち)にはどうやって行(い)けばいいですか。

삼방 토-죠-구치니와 도-얏테 이케바 이이데스까

3番搭乗口(ばんとうじょうぐち)にはどうやって行(い)けばいいですか。

상황 3 C게이트는 어떻게 가면 되나요?

Cゲートにはどうやって行(い)けばいいですか。

씨 게-토니와 도-얏테 이케바 이이데스까

Cゲートにはどうやって行(い)けばいいですか。

상황 1 유료 버스인가요?

ゆうりょう
有料のバスですか。

유-료-노 바스데스까

ゆうりょう
有料のバスですか。

상황 2 순환 버스인가요?

じゅんかん
循環バスですか。

쥰칸 바스데스까

じゅんかん
循環バスですか。

상황 3 직통 버스인가요?

ちょくつう
直通バスですか。

쵸쿠츠- 바스데스까

ちょくつう
直通バスですか。

바로 찾아 쓰는 여행 표현 사전

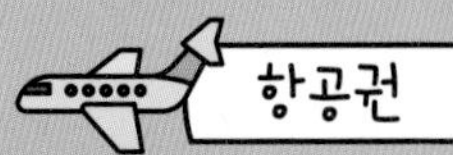

항공권

출국편	날짜	
	시간	
	편명	
	예약 번호	
귀국편	날짜	
	시간	
	편명	
	예약 번호	

호텔 예약

호텔 주소	
예약 번호	
체크인~체크아웃	

호텔 예약

호텔 주소	
예약 번호	
체크인~체크아웃	

여행 계획

DAY 1

けいかく 계획

시간	
6:00	
7:00	
8:00	
9:00	
10:00	
11:00	
12:00	
13:00	
14:00	
15:00	
16:00	
17:00	
18:00	
19:00	
20:00	
21:00	
22:00	
23:00	
24:00	

かいもの 쇼핑

グルメ 맛집

にっき 일기

여행 계획

DAY 2

けいかく 계획	
6:00	
7:00	
8:00	
9:00	
10:00	
11:00	
12:00	
13:00	
14:00	
15:00	
16:00	
17:00	
18:00	
19:00	
20:00	
21:00	
22:00	
23:00	
24:00	

かいもの 쇼핑

にっき 일기

여행 계획

DAY 3

けいかく 계획	
6:00	
7:00	
8:00	
9:00	
10:00	
11:00	
12:00	
13:00	
14:00	
15:00	
16:00	
17:00	
18:00	
19:00	
20:00	
21:00	
22:00	
23:00	
24:00	

かいもの 쇼핑

グルメ 맛집

にっき 일기

pick up!

지금 당장
여행 일본어와 함께 일본을 둘러보며 미션을 클리어해 보세요.

어느덧 나의 일본어 실력이 쑥쑥!

	미션 내용	미션 클리어 체크
미션 1	**삿포로**에만 있는 라멘과 맥주 맛보기	★ 미션 클리어!
미션 2	**아오모리**에서 신기한 네부타마츠리 경험하기	★ 미션 클리어!
미션 3	**도쿄 하라주쿠**에서 디저트 먹고 빈티지샵 구경하기	★ 미션 클리어!
미션 4	**도야마의 다테야마 알펜루트**에서 빙벽 체험하기	★ 미션 클리어!
미션 5	**오사카**에서 다코야키에 다양한 토핑 올려서 먹어보기	★ 미션 클리어!
미션 6	**돗토리**에서 사구 위에 올라가 사진 찍기	★ 미션 클리어!
미션 7	**가가와**에서 사누키 우동 직접 만들어 먹기	★ 미션 클리어!
미션 8	**오이타 유후인** 노천탕에서 온천 즐기기	★ 미션 클리어!
미션 9	**오키나와**에서 현지 볶음 요리 '고야 참프루' 먹어보기	★ 미션 클리어!

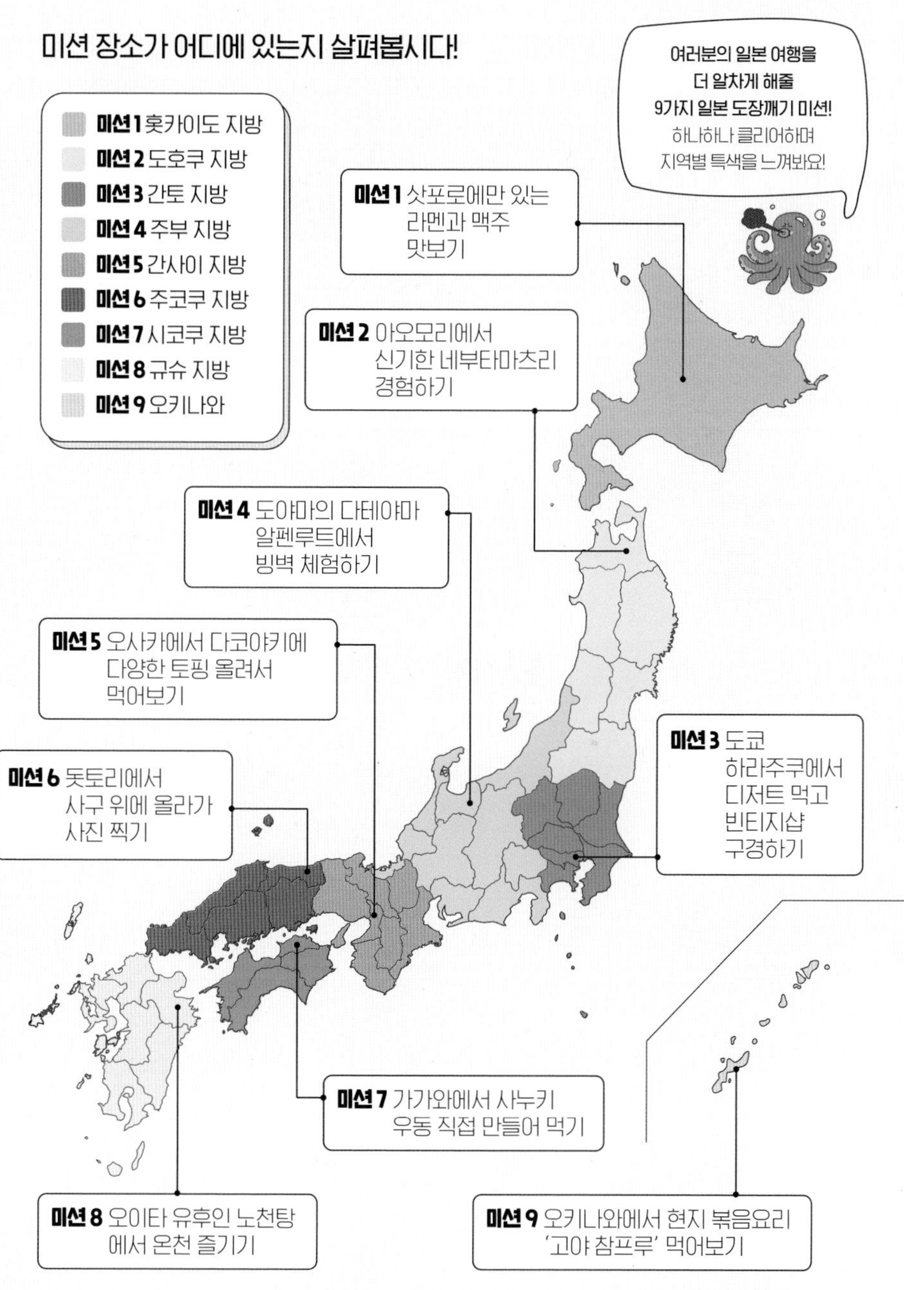
미션 장소가 어디에 있는지 살펴봅시다!
미션 1 홋카이도 지방
미션 2 도호쿠 지방
미션 3 간토 지방
미션 4 주부 지방
미션 5 간사이 지방
미션 6 주코쿠 지방
미션 7 시코쿠 지방
미션 8 규슈 지방
미션 9 오키나와
여러분의 일본 여행을 더 알차게 해줄 9가지 일본 도장깨기 미션! 하나하나 클리어하며 지역별 특색을 느껴봐요!
미션 1 삿포로에만 있는 라멘과 맥주 맛보기
미션 2 아오모리에서 신기한 네부타마츠리 경험하기
미션 4 도야마의 다테야마 알펜루트에서 빙벽 체험하기
미션 5 오사카에서 다코야키에 다양한 토핑 올려서 먹어보기
미션 3 도쿄 하라주쿠에서 디저트 먹고 빈티지샵 구경하기
미션 6 돗토리에서 사구 위에 올라가 사진 찍기
미션 7 가가와에서 사누키 우동 직접 만들어 먹기
미션 8 오이타 유후인 노천탕에서 온천 즐기기
미션 9 오키나와에서 현지 볶음요리 '고야 참프루' 먹어보기